그림책으로 배우는
에릭슨의 전 생애 발달

그림책으로 배우는

{ 에릭슨의
전 생애 발달 }

······

그림책심리성장연구소 지음

사우

살면서 그림책은 반드시 세 번 읽어야 한다.
어릴 때, 아이를 기를 때, 인생의 후반기에 접어들었을 때
―야나기다 구니오

프롤로그 : 우리 내면의 자라지 못한 아이를 위하여 _ 김영아 • 10

1단계 ◇ 신뢰감 대 불신(출생~약 1세)
나는 이 세상을 신뢰할 수 있는가

신뢰감을 형성하는 중요한 열쇠 _ 좌명희 • 24
엄마를 믿어도 될까? _ 황윤정 • 35
아이는 엄마 박사 _ 김영실 • 45

2단계 ◇ 자율성 대 수치심과 회의감(2~4세)
나는 나 자신의 행동을 통제할 수 있는가

내가 만들어낸 거야! _ 신지연 • 54
엄마와 아이의 동상이몽 _ 김영실 • 62
자율성 획득의 결정적 시기 _ 주옥림 • 70

3단계 ◇ 주도성 대 죄의식(4~5세)

나는 부모로부터 독립하고 나의 한계를 찾아낼 수 있는가

건강한 주도성이란 _ 김영실 • **80**
혼자 하고 싶어요 _ 안서연 • **87**
주도성은 어떻게 자라는가 _ 주옥림 • **95**

4단계 ◇ 근면성 대 열등감(5~12세)

나는 생존과 적응에 필요한 기술을 숙달할 수 있는가

아이가 만나는 첫 번째 사회 _ 박세영 • **106**
허기진 외로움 _ 황윤정 • **114**
즐겁게 배우며 성장하기 _ 신지연 • **123**

5단계 ◇ 자아 정체감 대 정체감 혼미(13~19세)

나는 누구이고, 어떤 성인이 될 것인가

가면을 쓰고 _ 죄명희 • **134**
청소년기 자녀를 대하는 가장 좋은 태도 _ 황윤정 • **146**

6단계 ◇ 친밀감 대 고립감(20~39세)

나는 다른 사람에게 나 자신을 아낌없이 줄 수 있는가

사랑과 직업이라는 두 마리 토끼 _ 문일순 • **156**
친밀감이라는 능력 _ 안서연 • **169**

7단계 ◇ 생산성 대 침체성(40~64세)

나는 다음 세대에게 무엇을 줄 수 있는가

다음 세대에게 건네는 선물상자 _ 박세영 • 178
불완전한 나를 넘어서, 그래도 달린다 _ 문일순 • 186
내 아이에게 주고 싶은 것 _ 안서연 • 194

8단계 ◇ 자아통합감 대 절망감(64세~사망)

나는 평생에 한 일과 역할에 대해 만족할 수 있는가

내 삶의 완성 _ 문일순 • 204
삶을 정돈하는 가장 따뜻한 방법 _ 주옥림 • 210
오늘을 살아가세요, 눈이 부시게 _ 좌명희 • 219

에필로그 : 우리 모두 '지금, 여기'를 살아가기를 _ 좌명희 • 227
부록 : 발달단계별 그림책 소개 • 231
참고문헌 • 237

프롤로그

우리 내면의
자라지 못한 아이를 위하여

특목고를 졸업하고 명문대에서 국어교육과를 전공한 민들레 님. 그녀를 보면 성실과 반듯함이란 단어가 생각난다. 그런 그녀가 대학 4학년을 마치고 임용 고시를 준비하는 중에 나를 찾아왔다. 아니, 정확하게 말하면 필기시험에 합격하고 난 뒤 면접을 보기 바로 전 단계에서 찾아온 것이다.

"면접 보러 가지 말아야 할까 봐요."

"그렇게 열심히 해서 필기 다 붙어놓고 왜 지금 그런 생각이 들었어요?"

"실은 제가 교사로서 아이들 앞에 설 수 없을 것 같아서요."

"어떤 면에서 아이들 앞에 설 수 없다는 생각을 한 걸까요?"

"제가 과연 자격이 있을까요?"

"어떤 자격?"

"사실 저 공부밖에 몰라요. 교회, 학교, 집만 왔다 갔다 하고 살았는데 요사이 자꾸 꿈을 꿔요."

"꿈 이야기 들려줄 수 있을까요?"

"꿈에서 제가 거의 옷을 입지 않은 채 거리를 걷고 있는 거예요. 사람을 만날 때도, 밥을 먹을 때도. 그러다가 누군가와 자꾸 싸우다가 깨는데 깨고 나면 너무 기분이 안 좋아요."

"뭔지 모르게 불쾌하고 또 창피하기도 하고?"

"네, 전 싸움이란 거 잘 안 하고 이런 꿈은 한번도 꿔본 적이 없는데, 요사이 왜 이런지 모르겠어요."

"이 꿈과 교사 될 자격과 무슨 상관이 있을까요? 꿈은 꿈일 뿐인데."

"글쎄요. 왠지 그러면 안 될 것 같아요. 저 같은 애가 교사가 되면 안 될 것 같아요."

민들레님은 두려워하고 있었다. 그녀는 아주 엄격한 집안에서 자라며 독실한 기독교 교육과 문화를 체득했고, 자기 규범의 기준이 상당히 높았던 듯하다. 당연히 자신의 욕망을 상당 부분 억압하고 수면 밑으로 눌러놨을 것이다. 그런 욕망과 무의식이 2차 검열을 뚫고 꿈이라는 전의식 상태로 튀어나온 것이다. 자신도 모르게 꿈의 세계로 나온 무의식을 마주하는 순간 덜컥 겁이 났을 것이다. 눌러두었던 욕망이 의식 밖으로 언제든 솟아오를지도 모른다는 두려움을 느꼈을 것이다. 이런 내가 아이들 앞에 섰을 때 단정하고 수더분한 지금의 모습을 견지할 수 있을까 하는 공포가 자란 것이다.

그해 민들레님은 급기야 면접시험을 보러 가지 않았다. 그 후 1년 가까이 임용 시험을 준비하면서 동시에 자신을 알아가는 시간을 병행했다. 이듬해 합격했고 지금은 모 중학교에서 잘 생활하고 있다.

그렇다면 20대 그녀가 시험도 안 보고 흘려보낸 1년은 과연 헛된 시간이었을까? 그렇지 않다. 그 시간은 인생의 중요한 주제인 '정체성'을 확립하기 위해 반드시 필요한 시간이었다. 청소년기에 이 발달 과업이 제대로 이루어지지 않았으니 미해결 과제로 남아 20대에 그녀의 발목을 잡은 것이다.

에릭슨은 정체성 이론을 거론할 때마다 회자되는 심리학자이다. 에릭슨의 부모님은 서로 국적이 달랐다. 아버지는 덴마크 사람, 어머니는 이스라엘 사람. 아버지와 어머니는 헤어졌고, 어머니는 독일로 가서 같은 이스라엘 출신 소아과 의사와 결혼을 해 독일에서 살게 되었다. 에릭슨은 유대인 학교에서 교육을 받을 수밖에 없었다. 검은 머리에 까만 눈을 가진 정통 유대인과 다른 외모를 지닌 에릭슨은 친구들에게 놀림을 받으며 자랐다. 에릭슨은 어린 시절의 이런 경험 때문에 자신이 덴마크 사람들과 있을 때는 순수한 덴마크 사람이 아니라고 느꼈고, 이스라엘 사람들과 있을 때도 온전한 이스라엘 사람이라고 느낄 수가 없어서 정체성 혼란을 겪었다고 한다. 이런 환경에서 자란 탓에 에릭슨은 '나는 누구인가? 나는 어디에 소속되어 있는가?'라는 정체성 문제를 청소년기에 반드시 극복해야 할 가장 중요한 과제라고 생각했을 것이다.

이러한 성장기 갈등과 혼돈은 그의 연구에 녹아들어 발달 이론을 기초해 펼쳐지게 되었고 심리 사회적인 관계를 바탕으로 한 '전 생애 발달' 이론을 구축한 것이다.

민들레님은 자라는 동안 마땅히 가졌어야 할 심리적 방황과 삶의 의미, 나아가 정체성 탐구라는 과업 단계를 지나쳐버린 듯하다. 공부도 중요하지만 그 시기에 자신에 대해 스스로 묻고 답하고 고민하면서 자신에 대해 알아가는 것도 중요한 일이다. 학령기와 청소년기를 지나오면서 '나는 누구인가'라고 하는 물음을 끊임없이 던졌어야 했다. 이러한 시간이 없었던 이유로 자신의 감정과 욕망, 때론 숨겨 놓았던 내면의 세계를 들여다보고 버릴 것은 버리고 취할 것은 취하는 본인 분석이 결여된 것이다. 단지 민들레님만의 문제가 아니다.

경기도 평화교육원 연수를 할 때의 일이다. 그곳은 산정호수 근처 호젓한 산자락에 위치해 있는데, 교사들이 며칠 동안 숙식을 하면서 연수를 받는 곳으로 유명하다. 어느 날 강의가 끝나고 저녁 시간에 한 선생님께서 상담을 요청하셨다. 남편의 폭력과 의심이 심해서 이혼을 하고 싶지만 아이들 때문에 이혼도 못하고 있다며 남편의 문제를 해결하고 싶다고 고민을 털어놓았다. 의처증인 남편과 다투고 나면 자신이 초라해져서 못 견디게 힘든데, 더 힘든 것은 남편의 비루한 모습을 대하는 것이라고 말했다. 그 남편은 아내를 폭행하고는 다른 방으로 가서 마구 자신을 학대하며 운다고 한다. 폭력을 행사하는 남편으로 인해 매우 힘들 텐데도 선생님은 남편의 그런 모습이 측은하고 안타깝다고 한다.

그 선생님은 자신이 폭력을 당하고 있는 상황이 부당하다는 것을 정확하게 인지하는 능력이 부족했다. 본인의 아픔보다 아이들 걱정이 먼저였고, 학대하는 남편에게까지 연민의 정을 넘어 모성의 감정을 가지고 있었다. 자신을 무너뜨리고도 남을 만큼의 상처를 내면에 묻어두고서 남을 배려하고 있다는 것은 허위 감정이다. 이 감정을 들여다보고, 잘 처리할 필요가 있다.

남편에게는 타인을 위해하는 자체만으로도 인격적인 문제가 있다고 봐야 한다. 자신의 문제를 아예 인지도 못하고 내가 뭘 잘못했냐고 하는 반사회적인 인물이 있다. 그나마 그 남편은 자신이 저지른 문제의 심각성을 인식하는 지점까지는 간

듯하다. 즉, 자기도 모르는 무의식의 발현으로 일을 저질러 놓고는 그 화살을 자기에게 돌리는 내사가 반복적으로 일어나는 경우였다. 남편은 남들이 보기에 멀쩡히 잘 살아왔고 고위 공무원으로서 사회적 위치도 제법 있는 사람이었다. 그에게 무슨 문제가 있었을까?

 사실 잘 살아온 것이 아니었다. 남들 눈에는 그렇게 보였으나 자기 안에 억눌렸던 본능, 자라지 않은 내면아이가 약한 틈을 타고 럭비공처럼 튀고 있었다. 이제 럭비공이 걷잡을 수 없이 커져버려 터질 지경에 이르렀을 뿐이다.

 선생님과 남편을 상담하면서 남편의 내면아이가 6살에 멈춰 있음을 알게 되었다. 아버지의 폭력을 못 견디고 7살 어린 아들을 두고 가출한 어머니. 그 어머니를 미워하는 할머니의 욕설을 들으며 자란 남편은 원망과 그리움으로 마음의 갈피를 잡지 못하던 어린 시절을 고스란히 마음 한쪽에 두고 살고 있었다. 성장하면 엄마를 찾아가리라 마음먹었으나 10살에 엄마의 자살 소식을 듣게 된다. 이러한 환경 탓에 남편은, 여자는 언제든 자기를 떠날 수도 있다는 생각을 갖게 된 것이다.

 우리 마음속에는 저마다 지울 수 없는 한 아이가 살고 있다. 더 이상 자라지 않고, 자라고 싶지 않은 아이. 귄터 그라스의 소설 『양철북』에 나오는 오스카처럼 성장을 멈추어 버린, 그래서 어린아이의 시선과 두려움과 공상을 고스란히 간직하고 있는 아이. 이 아이를 키우는 가장 좋은 방법은 사랑이다. 사랑은 그 아이를 성장시킬 수 있는 좋은 기회다. 사랑하는 사람들이 어린아이같이 말하고, 아이처럼 유치한 장난을 치면서 깔깔거리는 것은 과거 어느 언저리에선가 성장이 멈추어 버린 아이를 성장시키는 과정이라 볼 수 있다. 상처 입은 과거의 어린아이에게 듬뿍 사랑을 주어 충분하게 정서적 안정감을 주었을 때 이제는 여유로운 어른으로 살아볼 용기를 얻고 한 걸음을 뗄 수 있는 것이다.

나는 선생님에게 남편과 헤어지기 싫다면 남편의 내면아이를 바라보라고 주문했다. 남편 또한 자신의 내면아이를 인지하고, 내면아이가 마구 휘두르는 감정에 휩싸이지 않도록 훈련을 해나갔다.

이처럼 당시에 해결해야 할 문제가 지금 - 여기에 미치는 경우가 너무나 많은 까닭에 에릭슨의 발달이론은 참으로 중요한 성찰의 이론적 툴이 된 것이다. 에릭슨의 사회심리 발달이론은 서구 심리학에 폭넓게 영향을 미쳤을 뿐 아니라, 이미 한국 교육현장에서도 널리 알려져 있다. 특히 청소년 문제나 조기 교육 문제가 언급될 때마다 그의 이론이 많은 영향을 끼친다. 그의 이론은 인간 이해에 대한 많은 정보를 제공해주기 때문이다.

에릭슨의 주요 관심은 건강한 인격의 발달에 있다. 프로이트가 주로 정신병 환자를 대상으로 했다면 에릭슨은 건강한 사람을 중심으로 해서 이론을 전개하고 있다. 에릭슨은 프로이트의 원자아(id)보다는 자아(ego)에 주된 관심을 갖는다. 에릭슨이 자아에 관심을 갖는다는 것은 인격 성장에 있어서 자아의 환경, 즉 사회와의 관계에 더욱 관심을 갖는다는 뜻이다. 즉, 일평생 동안 환경과 지속적인 상호작용을 갖는 자아를 통해 인격을 형성한다는 것이 에릭슨의 주장이다. 에릭슨 이론을 심리 사회적 발달이론이라고 하는 이유가 바로 이 때문이다. 물론 에릭슨이 프로이트의 입장을 부인하는 것은 아니다. 그의 의견을 충분히 수용하면서도 인격 형성은 일평생을 통해서 계속 이루어지며 비록 어릴 적 치명적인 상처가 있다 하더라도 훗날 좋은 환경을 지속적으로 만나면 수정이 가능하다고 본다.

에릭슨은 인간 발달의 여덟 단계가 연대기적 순서로 진행된다고 설명한다. 즉, 태어나서 죽음에 이르기까지 영아기, 유아기, 학령기, 청소년기, 청년기, 성인기, 중년기, 노년기로 나누어 한 개인의 발달을 이해한다. 이 이론에 의하면 한 단계가 성공적이면 다음 단계도 성공적으로 이루어질 가능성이 크다. 각 단계는 시기별로 나뉘지만, 반드시 심리학적으로 일치하는 것은 아니다. 특히 요사이 발달의 연령별, 심리 상황별 경계가 모호하기 때문에 더욱 그렇다. 많은 경우 특별한 단계가 한 사람의 생애에 있어서 유별나게 강한 영향력을 미치기도 한다. 예를 들면, 첫 단계에서 신뢰를 경험하지 못한 사람은 평생 동안 이 문제에 집착할 수 있다는 것이다. 또 과거의 단계를 재경험할 수 있다고도 한다. 예를 들면, 청소년기에 신뢰, 자율, 주도성, 근면에 대한 기초를 발견하기 위하여 과거 단계로 다시 돌아갈 수 있다. 이와 같이 각 단계는 상호의존적이라고 할 수 있다.

각 발달 단계는 두 개의 힘이 있는데, 이는 긍정과 부정이다. 에릭슨은 긍정적인 극(polar)을 '힘', 부정적인 극을 '약함'이라고 부른다. 여기에서 건전한 건강은 긍정적인 힘을 완전히 획득하고 부정적인 약함을 제거하는 것이 아니다. 부정의 약함을 제거해 0의 상태를 만든다면 1단계 유아기에 신뢰 대 불신에서 불신하는 마음을 0에 가까이 가져간다는 의미로 볼 수 있다. 이처럼 신뢰만 있으면 항상 다른 사람을 믿어주니 속임을 많이 당하게 될 것이다. 이 경우 불신감과 신뢰감 사이에서 혼란을 겪고 더 많은 갈등을 겪을 수도 있어서 적당한 불신감은 세상을 살아가는 데 오히려 원동력이 될 수도 있다.

중요한 것은 이 둘 사이의 비율이다. 만일 철저히 신뢰만 하고 불신이 전혀 없는 사람은 위험과 적대적인 요소가 가득한 이 세상에서 살아가는 데 어려움이 많을 것이다. 따라서 심리적 힘은 부정적인 극에 대한 긍정적인 극의 우세를 요구하지만, 부정적인 극은 인생에 있어서 깊이나 복잡성을 더해주는 면도 있다고 본다. 밝음만이 삶을 움직이는 동력이 아니라 상대적인 극의 에너지가 더 많은 인간적 고뇌를 하고 성찰하게 하여 창조적인 형태로 반영되기도 한다는 의미이다.

에릭슨은 1단계와 마지막 8단계에서의 긍정적인 극인 '신뢰'와 '통합' 사이의 어의적 유사성을 언급한다. 1단계에 자신과 타인, 사회에 대하여 신뢰를 형성 못하면 결국 마지막 단계인 노년기에는 어느 누구도 신뢰하지 못하고 통합을 이루기 어려운 상황이 된다. 어떤 의미에서 발달과정은 그것이 시작하는 곳에서 끝난다는 것이다. 그러나 그는 개인적 삶보다는 세대의 순환에 초점을 맞춘다. 즉 각 세대는 지나간 세대, 그리고 계속되는 세대와 서로 연결되어 있다는 것이다. 그의 이론은 수레바퀴가 둥글게 구르면서 앞으로 나아가는 것과 같은 이미지다. 즉 8단계는 각각이 개별화된 단계가 아니라 하나로 묶여서 함께 굴러가며, 세대별로 진행되는 것이다.

정신분석계통 심리학은 성인 인격의 형성에 있어서 오이디푸스 콤플렉스 시기(4~5세) 이전 경험의 중요성을 강조하다 보니 청소년, 젊은이, 성인의 문제를 초기 아동기의 문제로 환원시키는 경향이 있다. 그러나 삶의 목표를 제시하고 앞을 향해 나아가는 것도 매우 중요하다. 그렇기에 에릭슨의 이론은 전 생애의 중요한 포인트를 강조하며 인생의 시간적 흐름에 맞추어 발달의 중요성을 짚어나가는 힘과 심리적 안정을 제공한다.

이 책은 에릭슨 이론을 설명하기 위해 각 발달 단계에 맞는 그림책을 활용한다. 이는 세 가지 효과가 있다. 우선 에릭슨의 이론을 그림책을 통해 직관적으로 이해할 수 있게 해준다는 점이다. 두 번째, 내 아이의 발달 상황을 더 자세히 이해하고, 나아가 앞으로 어떠한 발달의 특성을 보일지를 준비할 수 있도록 돕는다. 아울러 성인기, 중년기, 노년기 각 단계의 성인이 '나'를 더 잘 이해할 수 있는 도구가 될 수 있다.

무엇보다 그림책은 가독성이 좋고 적용 포인트가 확연해서 다소 어려울 수 있는 심리이론을 이해하기에 매우 적절한 도구이다. 나아가 주제가 광범위해서 어떠한 심리적 갈등 상황이라도 미해결된 문제를 적절하게 다룰 수 있는 그림책을 선택할 수 있다.

우리는 자라면서 누구나 결핍을 경험한다. 세상에 완벽한 사람은 없으니, 당연히 완벽한 부모도 없기 때문이다. 부모의 이혼, 사랑이라는 이름으로 행해지는 집착이나 통제, 정서적 학대나 방임, 폭력, 지독한 가난 등 가정의 수만큼이나 많은 문제가 존재한다. 그러니 에릭슨의 8단계 발달과업을 완벽하게 이루어낸 사람은 거의 없을 것이다.

　이 책을 통해 본인의 발달을 회고하듯이 되짚어보는 기회를 갖는다면 여러 면에서 도움을 얻을 수 있을 것이다. 아이를 양육하는 엄마는 물론 청소년, 나아가 성인으로 넘어가기 전 유예기간에 해당하는 군인들에게도 유익한 책이 될 것이다. 또한 양육의 한 축을 담당하는 아버지들도 함께 읽는다면 공들여 글을 쓴 저자들에게 큰 보람이겠다.

저자들을 대신하여
김영아 씀

신뢰감 대 불신
(출생~약 1세)

◇

나는 이 세상을 신뢰할 수 있는가

신뢰감을 형성하는
중요한 열쇠

아기와 처음 만나던 순간, 경이로움, 고통, 축복, 걱정 등등 엄마가 느끼는 다양한 정서(감정)에 아기는 울음으로 인사를 대신한다. 생애 초기의 영아는 모든 의사소통을 울음으로 한다. 영아의 생존본능이다. 영아는 양육자가 보이는 태도, 정서 등에 따라 신뢰감을 형성하기도, 불신감을 키우기도 한다. 생애 초기의 영아는 엄마(주 양육자. 이 책에서는 편의상 엄마로 표현한다)와의 상호작용을 통해 온몸으로 엄마를 인지한다. 기저귀를 갈 때, 젖을 물릴 때, 분유를 줄 때, 엄마의 목소리와 분위기, 정서를 하나하나 받아들이고 직관으로 느낀다. 엄마의 민감하고 즉각적인 반응과 사랑은 세상에 대해서 안정감을 느낄 수 있게 해주는 중요한 요소다. 반대로 거절당하고, 비난받고, 학대당한 아이는 자신을 가치 없다고 여기며 불신감을 키우게 된다.

울며 엄마를 찾는 아기에게 즉각적으로 "배고팠어? 맘마 줄까?" "졸렸구나~~" "기저귀 바꿔줄게"라고 반응하며, 애정과 보호를 느끼게 해주는 엄마에게서 아기는 신뢰감을 획득한다.

아기는 자신이 울면 욕구를 바로 충족시켜주는 엄마를 신뢰한다. 내 울음이 효과가 있다는 것은, '내가 부모(환경)를 조절, 통제할 수 있어'라는 확신을 의미하고, 확신은 '자신감'을 갖게 한다. 확신과 자신감은 엄마가 만들어주는 것이지, 아기 스스로 만들 수는 없다. 신뢰감은 타인에 대한 믿음과 나에 대한 믿음, 그리고 세상에 대한 믿음을 포함한다. 엄마에게 사랑받고, 칭찬받고, 공감 받으며 자란 아기는 자신을 긍정적으로 인식한다.

반면, 엄마가 "왜 울어? 먹은 지 얼마나 됐다고 또 울어? 어휴~~힘들어!!"라고 짜증과 화로 반응하면 아기는 사랑받고 있지 않다고, 보호받고 있지 않다고 느낀다. 엄마를 힘들게 하는 무가치한 존재라고 여기게 되고, 나와 엄마, 세상에 대한 불신이 생긴다. 외상 후 스트레스 장애를 연구해온 권위자이자 세계적인 의학 박사 베셀 반 데어 콜크에 따르면, 깊이 사랑받고 안전하다고 느낀 기억이 없으면 뇌에서 타인의 친절에 반응하는 수용체가 아예 발달하지 않는다. 부모가 아이에게 어떤 감정을 느끼고 아이와 어떻게 상호작용하는지가 신뢰감의 중요한 열쇠인 것이다.

시각 벼랑 실험이 말해주는 것

깁슨(Gibson)과 워크(Walk)가 고안한 시각 벼랑(visual cliff) 실험을 통해 6개월 된 영아가 깊이를 지각할 수 있음을 발견하게 됐다. 깊이가 얕은 쪽은 유리 바로 아래에 테이블보를 깔고, 깊이가 깊은 쪽은 바닥에 테이블보를 깔아서 시각적으로 더 깊게 보이게 하고 두꺼운 유리를 올려놓아 안전하게 기어갈 수 있게 만들었다. 영아는 얕은 쪽에, 어머니는 건너편 깊은 쪽에 서서 오라고 영아를 손짓해서 부른다. 아이는 엄마에게 가다가 깊이를 지각하면 두려움을 느끼고, 얕은 쪽으로 되돌아가거나 깊은 쪽과 얕은 쪽의 경계선에서 울기만 한다. 이 때 엄마가 웃는 얼굴로 손짓하면 영아가 건너가는 것을 확인할 수 있었다. 엄마가 놀란 표정을 지으면 아이는 건너가지 않는데, 이것을 사회적 참조(social reference)라고 한다. 엄마의 얼굴이 참조체제가 된다는 것을 보여준다. 엄마의 표정으로 아이는 안전한지를 판단하고, 엄마의 표정은 아이에게 아주 중요한 시그널이 된다.

영아는 우울한 엄마, 무심한 엄마, 화난 엄마의 얼굴을 보고 안전하지 않다고 판단하고, 건너오지 못하고 물러나서 회피하려 한다. 엄마의 무표정 역시 세상은 안전하지 않다는 불신감을 형성하게 한다. 엄마의 웃는 얼굴에서 영아는 안정감을 느끼고, 엄마의 표정으로 안정감과 신뢰감을 형성하고, 경험에 대해서도 개방적으로 된다.

『방긋 아기씨』(윤지회, 사계절)는 중요한 시그널, 참조체제를 잘 보여주는 그림책이다. 왕비님은 하루 종일 아기씨 생각뿐이고, 아기씨를 위해 무엇이든 다 해주고 싶다. 잠시도 아기씨 곁을 떠나지 않는 왕비님은 얼마 뒤 뭔가 잘못되었음을 알아차리게 된다. 아기씨가 웃지 않는다는 것을, 태어나서 한 번도 웃은 적이 없다는 것을. 웃지 않는 아기씨를 위해 값비싼 옷을 사주고, 맛있는 음식을 준비하고, 재미있는 공연을 열지만 여전히 아기씨는 웃지 않는다. 말똥말똥 왕비님만 바라본다. 아기씨는 늘 고민이 많고 우울해 보이는, 창백한 엄마의 얼굴을 바라보고 있다. 그러던 아기씨가 엄마의 웃는 얼굴을 보고 드디어 방긋 웃는다. 엄마의 표정과 얼굴색에 따라 아기의 변화되는 모습을 표현한 부분이 시각 벼랑 실험에서 보이는 안정감, 신뢰감과 연결된다. 엄마의 정서가 아이에게 고스란히 전해지니, 웃지 않는 엄마를 바라보는 아기씨는 웃을 수 없었던 거다.

왕비님의 얼굴색과 표정은 왜 그렇게 되었을까? 그림책 전

체에서 임금인 아빠는 딱 한 페이지 등장한다. 책 한가운데 접히는 부분을 꾹 눌러 펼쳐야 얼굴이 겨우 보인다. 아기가 처음 배우는 상호작용은 부부 관계다. 『방긋 아기씨』에서 존재하지만, 함께하지 않는 아빠. 왕비님은 요즘 흔히 하는 말로 '독박 육아'에 시달렸던 것일까? 아이와의 상호작용에 앞서 부부의 상호작용은 어떤지, 눈을 맞추며 함께 이야기를 나누거나 부부를 위한 시간은 보내고 있는지, 서로의 애씀과 고충을 알고 위로하며 지지하고 있는지 살펴봐야 한다. 하루 중 서로를 바라보며 방긋 웃는 시간이 얼마나 되는지.

비싼 교구보다 더 중요한 것

아이의 예민함, 까칠함을 별나다고 느끼며 힘들어하던 때가 있었다. 아이는 태어나서 바로 신생아 중환자실에서 3일을 보냈다. 문득 아이가 예민하고 까칠한 이유가 신생아 중환자실에 있었던 게 원인이 될 수도 있지 않을까, 하는 생각이 들었다. 연구 결과로도 이미 밝혀진 사실을 무지한 엄마였던 나는 몰랐고, 그게 아이의 성격 형성에 영향을 미친다는 생각을 그때는 하지 못했다. 아이는 엄마 품에 안겨보지도 못하고 3일 동안 신생아 중환자실에 있었다. 울고 또 울어도 드라마에서처럼 간호사가 매번 안아줄 수는 없었으리라. 아이의 욕구는 채워지지 않았고, 아이는 신뢰감보다는 불신감을, 안정감보다는 불안함을 더 많이 느꼈을 거다.

그래서 초등학생이 되어서도 그 욕구를 채워달라고 예민하게, 까칠하게 표현했던 걸 테고. 다 큰 열여덟 살 딸을 침대에서 책상에서 바로 일으켜 세우는 우리만의 암호가 있다. "안아" 또는 "안을까?" 채워지지 않은 아기 적의 욕구, 불신과 불안감 해소를 넘어 안정 애착으로 가기를 바라는 마음으로 찾은 우리의 표현 방식이다. 아이가 엄마를 충분히 신뢰할 만한 존재로 여기고, '이제, 그만! 됐어'라고 할 때까지, 충분함을 느낄 때까지 계속 이어갈 거다.

쌍둥이를 키우는 지인에게 들은 웃지 못할 이야기가 있다. 지인의 아이가 어린이집에서 문제행동을 보여 상담센터를 찾아갔다. 지인은 그즈음 애착이라는 말을 많이 들었는데, 그날 역시 애착 문제에 대해 듣고 왔다고 한다. 지인은 쌍둥이와 연년생 동생을 키우고 있었다. 아빠는 『방긋 아기씨』의 왕처럼 늘 바빠서 엄마 혼자 아이들을 돌봐야 했다. 고만고만한 아이 셋을 혼자 돌봐야 하는 상황이라니, 얼마나 힘이 들지 짐작이 가고도 남았다. 지인은 "그놈의 애착!"이라며 한숨을 푹 쉬었다. 그 말과 한숨에 자책과 후회, 고단함 등 여러 감정이 섞여 있어서 안타깝고 안쓰러웠다.

이 시기에 가장 중요한 것은 왕비님이 애써 준비한 고급 옷도, 비싼 음식도 아니다. 지능 발달을 돕는다는 값비싼 교구나 교육도 아니다. 편안하고 안정적인 엄마의 표정, 방긋 웃어주는 엄마에게서 얻을 수 있는 안정적인 애착, 즉 신뢰감 형성이다.

가족치료사 존 브래드 쇼는 『상처받은 내면아이 치유』에서 갓난아이였던 우리는, 자신의 편이 되어줄 사람이나 아픔을 안아줄 사람이 없었음을 슬퍼할 방법이 없다고 말한다. 울고 있을 때, 모든 부당함에 대해 분노하고 있을 때, 안아줄 수 있는 사람이 아무도 없었던 상처받은 어린아이. 불안을 온몸으로 느끼며, 결국 살아남기 위해 자아 방어기제가 자리 잡게 되었고, 감정적 에너지는 얼어붙고, 아기씨처럼 웃을 수 없게 되는 것이다. 충족되지 못한 욕구는 계속해서 채워달라고 고함치지만 해결되지 못한 채 남아 있게 되는 것이다.

안전기지, 발달의 필수 조건

『주머니 밖으로 폴짝!』(데이비드 에즈라 스테인, 시공주니어)과 『동굴 안에 뭐야?』(김상근, 한림출판사) 두 그림책은, 양육자의 안정 애착과 안전기지의 모범적인 모습을 아주 잘 표현하고 있다. 호기심이 많은 아이가 모험과 탐험을 나가려고 하자 양육자는 든든한 지지자로서 지켜봐주고 보호해준다. 걱정과 염려는 하지만 절대 과하게 개입하거나 제지하지 않는다.

『주머니 밖으로 폴짝!』의 아기 캥거루는 갓 태어났을 때 엄마 배 주머니에서 살았다. 호기심 많은 아기 캥거루는 엄마 배 주머니에서 고개를 비죽 내밀고 밖을 내다보기 시작하고, 은은히 미소를 띠는 엄마와 눈 맞춤을 하며 안정감을 획득해간다. 그리고 어느 날, "엄마, 밖에 나가고 싶어요!"라고 말한다. 세상은 신기하고 처음 보는 것들 투성이라 겁 많은 아기 캥거루는 주머니 밖으로 뛰어나갔다가 폴짝폴짝 두 걸음에 다시 엄마 배 속으로 돌아오고, 또 나갔다가 세 걸음에 다시 돌아온다. "엄마야, 내 배 주머니!"라고 소리치며 돌아오는 아기 캥거루를 엄마는 늘 배 주머니를 활짝 열어 기다려준다. 겁 많은 아기 캥거루가 다시 뛰어나가고, 다시 돌아오고, 그러면서도 폴짝폴짝 더 멀리 갈 수 있는 이유는 멀리서 지켜봐주는 엄마가 돌아올 때마다 웃는 얼굴로 주머니를 활짝 벌려 맞이해주는 안전기지 역할을 해주기 때문이다.

영국의 정신분석가이자 정신의학자 존 볼비는 안전기지를 탐색과 발달, 변화를 위한 필수조건이라고 했다. 안전기지를 제공함으로써 스스로 느껴서는 안 된다고 여기는 것을 느끼고, 알아서는 안 된다고 여기는 것을 알아보는 모험을 할 수 있게 해주며 새로운 애착 관계도 형성할 수 있다고 말한다. 아이가 외부 세계로 나아가는 데 있어 발판이 되고, 탐험을 마치고 돌아와 다시 탐험을 시작하기 전에 신체적·정서적 '재충전'을 제공해주는 안전기지를 통해, 아이는 신뢰를 형성한다. '엄마는 나를 사랑하고, 내가 필요할 때는 언제나 그곳에 있을 거야'라는 믿음으로 아기 캥거루처럼 다시 뛰어나갈 수 있는 것이다. 아이가 필요로 할 때 양육자가 보호와 지지를 제공해 주는 안전기지가 되어주면 아이는 자유롭게 탐험할 수 있음을 그림책은 잘 보여준다.

『동굴 안에 뭐야?』의 개구리 엄마는 동굴 안이 궁금하다는 아이들에게 어두운 곳은 뭐가 나올지 몰라 위험하다고, 꼬마 개구리쯤은 한입에 꿀꺽 삼키는 뿔이 많고 덩치도 엄청나게 큰 무시무시한 괴물을 만나면 어쩌냐고 걱정과 염려를 한다. 다른 어른들에게 물어봐도 명쾌한 답을 듣지 못한 꼬마 개구리들은 "있잖아, 우리가 한번 들어가 볼래?"라며 동굴 안으로 들어간다. 캄캄하고 어두운 동굴, 무엇이 튀어나올지 모르는 동굴 안에서 꼬마 개구리들이 어떻게 되지나 않을까, 걱정과 불안으로 심장이 두근두근, 호기심과 궁금증으로 페이지를 넘기게 된다.

초기에 안정 애착을 형성하지 못했어도

『주머니 밖으로 폴짝!』, 『동굴 안에 뭐야?』 두 그림책을 비교해서 보면, 아기 캥거루는 신기하고 낯선 존재를 만날 때마다 매번 엄마에게로 돌아와 "엄마야, 내 배 주머니!"라고 소리치며 엄마 배 주머니로 쏙 들어간다. 꼬마 개구리들 역시 알수 없는 무서운 존재를 만나 "으아아악! 엄마야!"라고 놀라지만, 되돌아가지 않고 나아간다. "손 놓으면 안 돼"라고 말하며 형제들과 함께 손을 꼭 잡고 계속 나아간 끝에 멋진 광경을 마주하게 된다. 매번 돌아갔던 아기 캥거루와 되돌아가지 않고 앞으로 나아갈 수 있었던 꼬마 개구리들의 가장 큰 차이는 아기 캥거루는 혼자지만, 꼬마 개구리들은 혼자가 아니라는 점이다.

양육자와 안정 애착을 형성하지 못했더라도, 안정 애착을 형성할 수 있는 사람은 형제, 자매, 남매로 확장될 수 있음을 알 수 있다. 애착 대상은 친구나 멘토가 돼주는 선배, 스승, 직장 상사, 연인, 배우자 등 다인 관계로 확장된다. 『주머니 밖으로 폴짝!』의 아기 캥거루는 다른 아기 캥거루를 만나면서 엄마에게로 돌아가지 않는다. 둘이서 폴짝폴짝 사방을 탐색한다. 마지막 페이지에서 엄마가 "배 주머니는?" 하고 묻자 "필요 없어요!"라고 두 아기 캥거루는 말한다. 엄마와의 안정 애착이 형성되었기에 가능한 일이기도 하지만, 다인 관계로 애착이 확장되었음을 보여주는 장면이라 할 수 있다.

산후우울증이나 여러 상황으로 인해 안정적인 애착을 형성하지 못했다 하더라도 이후에 맺는 관계나 교육과 환경을 통해 충분히 안정 애착으로 바뀔 수 있다. 주변에서도 본인은 불안정 애착인데, 배우자를 만나 안정 애착으로 바뀌었다는 분들을 종종 만난다. 나를 적극적으로 지지해주고 믿어주는 믿음직한 사람을 만나 그 사람과의 상호작용을 통해 스스로에 대한 신뢰를 형성하게 되었다는 분도 보았다. '나는 가치 있는 사람이야. 충분히 사랑받을 수 있는 존재야. 잘 못하는 것도 있지만, 최선을 다한다면 할 수 있을 거야'라는 자기암시로 신뢰를 만드는 방법도 있다.

출생 초기에 엄마와 애착 관계를 형성하지 못해 신뢰감을 성취하지 못한 아이는 다 커서도 욕구를 채워달라고 때때로 고함을 치고 있을지도 모르겠다. 아이가 바깥세상에 대한 신뢰를 형성하고, 탐색을 위해 나아갈 수 있도록 부모는 세상이 안전하다는 신뢰를 지속해서 만들어주어야 할 것이다. "이 세상은 안전해, 너는 할 수 있어, 엄마는 최선을 다해 너를 도와줄 거야"라는 신뢰감을.

엄마를 믿어도 될까?

너를 사랑해 언제까지나
너를 사랑해 어떤 일이 닥쳐도
내가 살아 있는 한
너는 늘 나의 귀여운 아기

그림책 『언제까지나 너를 사랑해』(로버트 먼치 글, 안토니 루이스 그림, 북뱅크) 속 두 살배기 아기는 책장의 책을 전부 꺼내고 냉장고를 뒤져 음식을 쏟아버린다. 엄마는 화가 나지만 아이가 잠들고 나면 아기를 품에 안고 노래를 부른다. 아이는 자라면서 이상한 옷을 입기도 하고 말썽을 일으킨다. 엄마는 그런 아이를 동물원에 갖다버리고 싶어 한다. 하지만 밤이 되면 엄마는 아이에게 사랑한다는 노래를 불러준다. '너를 사랑해 언제까지나 너를 사랑해 어떤 일이 닥쳐도 내가 살아 있는 한 너는 늘 귀여운 아기.' 자장가를 불러줄 때 다정한 엄마의 목소리는 아이에게 안정감을 주고 애착 형성에 도움을 준다.

그림책 속에서 나이가 들어 거동이 불편한 엄마가 "나에게 와 주겠니?"라고 부탁할 때 아들은 엄마에게 달려간다. 아들이 집에 도착했을 때 나이 들어 쇠약해진 엄마는 힘이 없어서 노래를 부를 수 없지만 어른이 된 아들이 엄마를 안고 노래를 불러준다.

사랑해요 어머니 언제까지나
사랑해요 어머니 어떤 일이 닥쳐도
내가 살아 있는 한
당신은 늘 나의 어머니

부모의 이혼으로 인한 불안감

언제까지나 너를 사랑해! 많은 사람이 듣고 싶은 말이 아닐까? 나도 이런 말을 어릴 때 엄마에게 듣고 싶었다. 일곱 살 때 부모님이 이혼했다. 아버지의 도박중독과 경제적인 어려움이 원인이었다. 성장할 때 엄마가 곁에 없어서 사랑한다는 말을 듣고 자라지 못했다. 처음엔 부모님의 이혼에 매우 놀라고 혼란스러웠다. 이 시기에 나는 어딘가로 보내질까 두려웠다. 그때는 힘들고 속상한 감정을 표현하기 어려웠고, 부모의 이혼을 받아들이기 쉽지 않았다. 슬픔, 두려움, 불안정, 상실감이 컸다. 내가 거부당했다고 느꼈다. 초, 중학교에 다닐 때 집으로 오는 길모퉁이에서 엄마가 나를 기다리고 있기를 간절히 바랐다. 부모님이 재결합하기를 강하게 열망했다. 중학생이 되어 아버지의 도박과 무능함이 창피했고 어느 순간 슬픔의 감정은 분노로 바뀌었다.

　어릴 때 가정에서 정서적인 돌봄과 보살핌을 받지 못한 나는 성장하면서도 늘 불안하고 사람을 신뢰하지 못하는 면이 있었다. 나를 낳은 부모도 나를 돌봐주지 못했으니 남편이 나를 버릴까봐 두려운 마음도 있었다. 나는 자기중심적이고 이기적이고 상처받는 걸 끔찍하게 싫어했다. 결혼해서 남편과 함께 사는 것이 혼자 사는 것보다 더 괴롭거나 힘들다면 헤어지는 게 옳다는 생각을 가지고 있었고 부부가 살다 어려운 일이 생기면 이혼할 수도 있다는 생각을 했다. 그래서 결혼 후 남편이 나에게 화를 내는지, 나의 부족하고 모난 모습을 참고 받아주는지 시험을 많이 했다. 그런데 남편을 아무리 자극하고 화나게 해도 밖으로 나가 혼자 화를 삭이고 돌아올 뿐 남편 사전에는 이혼이 없었다. 남편에게 이혼이 없다는 것을 알았을 때 비로소 나는 안정감을 느낄 수 있었다.

나를 낳은 부모는 나를 버렸지만 남편은 내가 무슨 짓을 해도 절대 나를 버리지 않겠구나, 라는 생각이 들자 배꼽 밑에서부터 안정감이 생기기 시작했다. 그리고 남편은 내가 생각하는 것보다 나를 더 많이 사랑했다. 내가 원하고 바라는 건 뭐든 해주고 싶어 했고 지금도 나의 가장 든든한 지원군이다. 남편에게 정말 고맙다.

완벽하지 않아도 괜찮다

다른 사람을 사랑하기 위해서 선행되어야 하는 것은 자기 사랑이다. 부모에게 어릴 때부터 사랑받으며 자란 사람은 자기 사랑이 잘 된다. 나는 어릴 때 사랑한다는 말을 부모에게 들어본 적이 없다. 힘들고 어려울 때마다 신앙과 독서가 힘이 되어주었다. 내가 나에게 '사랑해! 잘하고 있어. 괜찮아, 잘될 거야'라며 끊임없이 자기 격려를 하며 살아왔다. 내가 나를 사랑해주지 않으면 아무도 나를 사랑해주지 않았기에.

스물여섯 살에 결혼해서 아들과 딸을 낳아 키우며 아이들에게 사랑한다는 말을 많이 해줬다. 그럴 때마다 세상을 다 가진 듯 행복했다. 엄마인 내가 아이들에게 사랑을 준다고 생각했지만 동시에 아이들에게 정말 많은 사랑을 받았다. 그 시간과 경험이 나에게는 참 소중하고 특별했다. 엄마의 사랑을 듬뿍 받고 자란 아이들은 자신감과 자존감이 높다.

하지만 아이를 양육하는 일은 결코 쉽지 않았다. 그림책에서도 화난 엄마가 동물원에 아이를 갖다버리고 싶다고 소리치고 있다. 나 역시 두 아이를 키우면서 힘들 때가 많았다. 첫째 아들은 태어난 지 6개월 만에 모세기관지염 폐렴을 앓았다. 처음 병원에 입원했을 때 담당 의사가 "어머니, 직장 다닐 생각 하지 마시고 아이가 다섯 살이 될 때까지 옆에 꼭 붙어 있으세요. 기관지가 약해서 계속 탈이 나고 자주 아플 겁니다"라고 말했다. 처음 그 말을 들었을 때는 어이가 없었다. 의사라는 사람이 어떻게 그런 말을 하는지 화가 났다. 그런데 의사의 말은 적중했다. 아이는 자주 아팠고, 병원에 다니거나 입원해 있거나를 반복했다. 일곱 살이 될 때까지 병원 순례를 했다. 에너지가 넘치는 아들은 활동적인 성격으로 바깥에서 신나게 놀고 나면 편도선이 부었다. 부은 편도선으로 인해 열이 나기 시작하면 기침과 함께 기관지에 탈이 났고 감기 증상이 심해지고 기관지 폐렴으로 자주 입원했다.

지금은 주변에서 다 큰 아들을 칭찬하면서 이렇게 묻는다. "ㅇㅇ이는 무얼 먹여서 저렇게 잘 컸나요?" 그 말에 나는 이렇게 대답한다. "항생제요. 항생제를 너무 많이 먹어서 저 아이는 아마 죽어서도 썩지 않을걸요. 하하하." 지금은 웃으며 얘기하지만, 그 시절엔 아이의 쌕쌕거리는 소리를 들으며 잠

못 이룬 밤이 허다하다. 오죽하면 내 소원은 마음 놓고 실컷 자보는 것이었다.

아무리 힘든 일이 있어도 충분한 사랑을 주며 아이들을 키우고 싶었다. 그래서 그림책 『언제까지나 너를 사랑해』를 매일 밤 아이들에게 읽어주며 사랑한다는 말을 해주었다.

『언제까지나 너를 사랑해』는 저자인 로버트 먼치가 사산한 아이를 떠올리며 부른 사랑의 노래이다. 부모는 아이를 위해, 어른들은 자기 자신을 위해, 할머니 할아버지들은 자녀를 생각하며 책을 읽는다. 그림책 속 아들은 집으로 돌아와 갓 태어난 자신의 아기를 안고 사랑의 노래를 불러준다. 이 그림책은 자녀에 대한 한결같은 부모의 사랑을 담고 있다.

영국의 정신분석가 도널드 위니컷은 지속성과 항상성을 가지고 아이를 보살피며 사랑이 충만한 환경을 제공해 안정감을 주는 양육자를 가리켜 '충분히 좋은 엄마(Good enough mother)'라고 했다. 도널드 위니컷은 6만 쌍에 달하는 아이와 엄마의 상호작용 사례를 관찰하면서 '적절하기만 해도 충분히 좋은 엄마'라는 결론을 내렸다.

"환경이 완벽해야 할 필요는 없다. 완벽함은 기계에 속한 것이지 인간에게 속한 것이 아니다. 유아가 필요로 하는 것은 단지 그가 보통 얻는 것, 즉 누군가의 돌봄과 관심이다."

부모의 사랑을 갈구하는 해바라기 아이

위니컷은 엄마가 아이에게 민감해야 한다고 주장한다. 마치 어미 개가 새끼를 돌보듯 엄마가 아이의 상태를 민감하게 알아차려야 하며 그렇지 못할 때 아이는 '해바라기'가 된다고 한다.

엄마의 사랑만을 간절히 바라는 해바라기 아이를 만난 적이 있다. 어머니는 중학교 2학년이 된 아들이 운동을 하고 싶다고 해서 헬스장에 등록을 해줬는데 한 달이 지나 집으로 전화가 왔다.

"거기가 ○○이네 집인가요?"

"네. 맞아요."

"여기 헬스장인데 아드님이 운동하러 온 회원의 신발을 들고 간 게 CCTV에 찍혔어요. 운동화를 가져다주셔야겠습니다."

"네? 뭐라고요?"

놀란 어머니는 아들에게 운동화를 가져왔냐고 물었다. 아들은 헬스장에서 매일 운동화를 한 켤레씩 가져와 침대 밑에 숨겨두었다고 대답했다. 침대 밑에서 운동화를 꺼내니 커다란 종이가방 7개에 나눠 담아야 할 정도로 많았다. 사고를 수습하고 나서 엄마는 놀란 마음을 추스르고 상담을 왔다.

"선생님, 우리 아이가 왜 그런 행동을 했을까요?" 아이 얼굴도 한번 보지 못한 나도 궁금했다. 어머니에게 그동안 어떻게 살아왔는지 물었다. 어머니는 선을 보고 결혼했는데 결혼 첫날부터 남편의 폭력이 시작되었고, 셋째이자 막내인 아들이 배 속에 있을 때 폭력이 가장 심했다고 한다. 그동안 참고 살아온 시간을 회상하며 어머니는 눈물을 흘렸다. 두 딸을 낳고 힘들었지만, 시간이 지나면 남편이 나아질 거라고 믿었다. 셋째인 아들을 낳고 백일쯤 되었을 때 남편의 폭력이 최고조에 달했다. 그즈음 친정에서 남편의 폭력을 알게 되었다. 친정 오빠는 "한 번만 더 내 동생에게 손을 대면 너 죽이고 나도 죽는다"라며 남편을 심하게 때렸다. 그날 이후 신체 폭력은 없어졌지만, 언어폭력은 지속되었다.

아들은 엄마 배 속에서부터 불안했을 것이다. 신체 나이는 중학생이지만 정서적으로 성장하지 못한 아들은 집에 엄마가 없으면 올 때까지 전화를 한다. 엄마가 돌아오면 사랑한다며 과하게 안기고 매달렸다. 엄마는 다 큰 아들의 과한 애정 표현이 부담스럽고 징그러워서 밀어냈다. 불안을 품고 태어난 아이는 엄마와의 신체 접촉을 통해 안정감을 찾고 싶었던 것이다.

아들에게 사랑한다는 말을 매일 아침저녁으로 해주고 자주 안아주라고 당부했다. 상담을 마치고 집으로 돌아간 어머니는 그날부터 바로 실행에 옮겼다. 아들은 3개월 만에 정서적인 안정을 찾았다. 불안이 높고 사랑과 인정에 대한 욕구가 컸는데 엄마가 자신을 사랑한다는 것을 충분히 알고 나자 안정감이 생기고 불안이 낮아졌다. 학교에서는 새로운 담임선생님에게 인정받아 자신감과 함께 친구도 생겨서 잘 지냈다. "이제 어떻게 해야 할지 알겠어요. 아이를 잘 키울 수 있을 것 같아요." 어머니의 자신감 넘치던 모습이 아직도 생생하게 떠오른다.

접촉은 수유만큼이나 중요하다

해리 할로우(Harry Harlow)의 원숭이 애착 행동 실험에서는 어린 원숭이를 태어난 직후 어미로부터 떼어놓았다. 대신 인공으로 만든 두 모형을 '대리모'로 제공했다. 첫 번째는 철사로 만들어진 '철사 엄마', 두 번째는 천으로 만든 '헝겊 엄마'. 철사 엄마와 헝겊 엄마에게 우유병을 부착해서 원숭이 반은 철사 엄마의 우유를 먹고, 나머지 반은 헝겊 엄마의 우유를 먹게 했다. 연구 결과 원숭이 새끼들은 헝겊 엄마를 더 좋아했다. 심지어 철사 엄마에게서만 젖을 먹을 수 있게 한 실험에서도 젖 먹는 시간만 제외하고 대부분 시간을 헝겊 엄마와 함께 보냈다. 갈등 상황을 만들고, 그때 어떤 반응을 보이는지 관찰하기 위해 낯선 물체를 등장시키자 두려워하면서 헝겊 엄마에게 달려가 매달렸다. 배고픔을 덜어준 것은 철사 엄마인데도 불구하고 새끼들은 위험하거나 두려운 상황에서 헝겊 엄마를 더 좋아했다. 연구 결과는 수유가 애착 형성에 결정적인 요인이 아니라는 것을 보여준다. 이 연구 이전 많은 학자는 모성은 배고픔을 해결해주는 존재로 강하게 인식했다. 하지만 연구 결과 허기짐을 채우는 것 이상의 '접촉'을 통한 위안이 얼마나 중요한지를 발견한 것이다.

아이들은 엄마와의 안정적인 애착 관계를 통해 정서 조절 능력을 발달시킬 수 있다. 신체가 자라는 데는 음식이 꼭 필요하듯이 정서적인 성장에는 부모의 사랑이 필수적이다. 엄마와 안정 애착을 형성한 아이가 불안정 애착을 형성한 아이에 비해 선생님과 또래 친구들과 긍정적인 관계를 형성하고 대인관계 문제를 효율적으로 해결하며 사회적으로 유능한 것으로 나타났다. 낮에 무슨 일이 있었더라도 잠들기 전에는 아이를 꼭 안아주고 사랑한다고 말해주자.

아이는 엄마 박사

아기는 환경에 적응하기 위해 놀라운 감각을 가지고 태어난다. 태어나자마자 아기는 한꺼번에 아주 많은 감각을 경험하게 되는데, 이런 감각계는 세상을 느끼고 이해하는 중추 역할로써 타인과의 감정적 유대를 형성한다. 인생 초기의 모든 감각은 자신의 환경에서 중요한 것부터 인식한다. 예를 들어, 다른 목소리보다 엄마 목소리에 가장 민감하게 반응하고, 모유와 흡사한 단맛을 선호하며, 엄마의 젖 냄새도 생후 10일쯤 되면 구분한다. 아직 또렷하게 세상을 보지 못하는 아기일 때도 엄마 품에 안겨 젖을 먹는 20~25센티미터 거리의 초점을 가장 잘 맞춘다. 아동심리학자 삐아제의 말처럼 아이는 능동적인 '꼬마 과학자'로서 엄마를 통해 세상을 배운다.

소아과 의사이자 신경과학자인 나탈리는 백일쯤 된 아기를 대상으로 엄마가 아이에게 감각 자극을 다양하게 줄 때 감정 반응이 어떻게 나타나는지를 뇌파로 측정했다. 엄마가 벽을 보다가 무표정하게 아이를 본 후 시각, 촉각, 청각 자극 순으로 추가해서 감각 자극을 주었다. 첫 번째, 시각 자극으로 웃기, 두 번째는 촉각 자극을 얹어 웃으며 아기 얼굴 만지기, 세 번째는 두 자극에 청각 자극까지 얹어 아이의 이름을 부르고 사랑한다고 말해주었다. 엄마가 웃으며 바라보는 시각 자극을 줄 때 아기의 뇌 활동이 일어났으나 감정 반응은 나타나지 않았다. 웃으며 얼굴을 만져주는 두 가지 자극을 줄 때 감정 반응이 나타났고, 세 가지 감각을 사용할 때 가장 강한 감정 반응이 일어났다. 아기는 다중 감각을 사용할 때 엄마와 감정 교류를 가장 잘하였고, 엄마와 쉴 새 없이 교류하고 싶어했다.

흔히 아기의 탄생을 '낯선 세상에 던져졌다'라고 표현한다. 낯선 세상에 던져진 아기는 자신과 연결된 첫사랑, 첫 세상에 매달린다. 엄마를 세상의 전부인 양 바라본다. 그런 아기가 엄마는 너무 사랑스럽다. 물론 어떻게 해야 할지 몰라 답답하고 책임감에 버거운 날도 있다. 특히 첫아이를 키울 때 하루에도 몇 번씩 감정의 롤러코스터를 탄 기억이 난다.

생후 50일경 된 첫째 아이가 자다 깨서는 자지러지게 울기 시작했다. 처음에는 "무서운 꿈꿨어?"라고 아이를 흔들면서 달래주었다. 아이가 30분 넘게 울면 "그만 좀 울어!"라며 짜증을 내기도 했다. 그러다 좀처럼 울음을 그치지 않자 덜컥 겁이 났다. "왜, 왜, 어디 아파? 어디? 괜찮아?"라며 울먹였다. 황급히 책장에 꽂힌 아이 발달 백과사전을 꺼내 책을 펼쳤다. 그때 '영아 산통'이란 단어가 눈에 들어왔다. 생후 4개월 이하 영아는 하루 중 언제든지 이유 없이 발작적으로 울고 보채는 증상을 보인다고 적혀 있었다. 그 사실을 알고 나니 마음이 편안해졌다. 마음과 마음은 이어져 있었다. 내가 편안하게 노래를 부르기 시작하자 아이도 얼마 지나지 않아 편히 잠들었다.

엄마들은 양육의 고충을 이야기하며, '아이 키우기 설명서'가 있으면 좋겠다고 이야기한다. 바꿔 생각하면, 발 동동거리는 엄마를 마주하는 아이에게도 '엄마 설명서'가 필요하지 않을까? 매 순간 자신을 대하는 엄마의 모습을 보면서 아이가 어떤 생각을 했을지 궁금해진다. 그런 아이의 마음을 엿볼 수 있는 그림책이 있다. 아이의 시선으로 초보 엄마의 일상을 보여주는 유쾌한 그림책인데, 힘들었던 시기를 떠올리며 미소 짓게 한다.

"엄마가 태어났습니다. 나와 함께"

한 살 엄마의 일상을 담은 그림책 『엄마 도감』(권정민, 웅진주니어)은 아기들을 위한 엄마 발달 백과사전 같다. 첫 장면은 갓 태어난 아이가 엄마를 애틋하게 바라보는 장면으로 시작한다. "엄마가 태어났습니다. 나와 함께"라며 엄마도 새로 태어났음을 상기시켜준다. 이 장면은 '아, 이 사람이 내 엄마구나…' 하고 아기 마음속에 '부모 각인'이 이루어지는 순간을 보여준다. 아기는 망원경, 돋보기 같은 장비까지 사용해가며 엄마의 일거수일투족을 관찰한다. 비록 이유식 의자에 앉아 있지만 자세는 명탐정이 따로 없다. 아기는 처음 만난 엄마의 모습에 걱정이 가득하다.

"태어나서 처음 본 엄마 얼굴은 내가 배 속에서 상상했던 것과 아주 다릅니다. 퉁퉁 부어 있네요. 그러면서 도리어 내 얼굴이 빨갛고 쭈글쭈글하다며 고개를 갸우뚱합니다…. 엄마는 괜찮은 걸까요?"

출산 직후 내 모습을 상상하며 웃게 되는 장면이다. 매일 아침, 거울 속 자기 얼굴을 가장 먼저 바라보던 한 여자가 자신보다 아기를 먼저 바라보는 위대한 엄마가 되어간다.

아기는 시종일관 보고 듣고 만지며 엄마를 탐구한다. 구석구석 쓸모가 많다며 엄마의 몸을 만져본다. 침대, 말, 비행기로 변신하는 엄마를 능력자로 인정하는 장면은 엄마로서 으쓱해진다. 스스로 필요한 만큼 먹고 있으니 밥에 너무 집중하지 않았으면 좋겠다는 아기의 바람에 민망하면서도 안도의 웃음이 지어졌고, 치타보다 빠르게 반응하던 엄마가 점차 할 일 다 하고 반응한다며 서운해하는 장면에 움찔하며 미안했다. 엄마의 몸 상태보다 중요한 것은 엄마의 기분이라며, 까칠한 엄마와도 잘 지내는 꿀팁을 주는 모습은 뭉클했다. 엄마가 필요한 아기용품을 주문하고, 아기에 관해 공부하는 동안에도 계속 엄마를 바라보는 장면은 놀랍기 그지없었다. 엄마가 '아기 박사'가 되기 전, 아기는 온종일 엄마의 정체를 탐구하며 이미 '엄마 박사'가 되어 있었다.

부모-아이 상호작용 수업을 하다 보면, "선생님, 아이가 저를 엄청나게 관찰한다는 생각이 들어요"라는 말을 자주 듣는다. 엄마의 행동, 말투뿐 아니라 무엇이 필요한지까지 관찰하고, 기분이 안 좋아 보일 때는 와서 안아주고 간다고 한다. 엄마와의 신뢰와 애정이 쌓이면서 아이는 엄마를 더 많이 바라보게 된다. 엄마는 아이를 수없이 관찰하고 나서야 아이가 자신을 바라보는 것을 알게 되고, 아이의 생각이 조금씩 보이기 시작한다. 놓칠 수 있는 소소한 아이의 생각을 읽게 되면서 아이에 대한 엄마의 민감성이 향상된다.

민감성이 중요하다는 말을 많이 들어봤을 것이다. 하지만 아이가 지나치게 예민하거나 엄마의 일상이 버거우면 온정적이고 민감하게 반응해주기가 쉽지 않다.

비의 움직임마저 무서워하는 까다로운 기질을 가진 아이가 있었다. 한창 세상을 탐닉해야 하는 시기인데 그 과정이 무서운 아이는 끝없이 엄마를 찾았다. 하지만 손을 뻗어서 안아달라고 적극적인 표현을 할 때부터 아이의 엄마는 임신 중이었고, 동생이 태어난 뒤로는 엄마의 품을 차지하기가 더 어려워졌다. 아이는 자신이 무언가를 잘했을 때, 어린이집을 마치고 나올 때, 조금이라도 불안할 때 등 시시때때로 엄마에게 안아달라고 했다. 그날도 아이는 어린이집을 나오면서 엄마를 보자마자 손을 벌렸다. 하루 종일 어린이집에서 잘 버텼으니 칭찬해주고 토닥여달라는 아이의 마음을 엄마는 알지 못했다. 엄마는 매일 안아달라고 하는 아이가 못마땅한 듯, 아이를 포옥 안아주지 않고 대롱대롱 매달리게 살짝 들어주며 말했다.
"이제 됐지?"

아주 어릴 때의 접촉은 관계와 성장의 열쇠이자 만병통치약이다. 솔 샌버그 생물심리학 교수는 어미 쥐가 핥아주지 않아 성장 호르몬 분비가 감소하여 성장이 멈춘 새끼 쥐를 연구했다. 어미 쥐가 핥아주는 것처럼 젖은 붓으로 쓰다듬어 주면 어떤 변화가 있는지 살펴보았다. 그 결과, 성장이 멈췄던 새끼 쥐는 호르몬 수치가 상승하고 다시 성장하기 시작했다.

신체 접촉은 뇌 발달뿐 아니라 신체, 인지, 언어, 정서 발달에도 큰 영향을 준다. 붙어 있어야 할 때 충분히 붙어 있는 경험은 아이 삶의 토대가 된다. 이런 경험이 있는 아이는 엄마와 헤어져 세상을 탐색하지만, 그렇지 못한 아이는 세상 탐색보다는 편안해지는 데 에너지를 더 쓰게 된다. 그렇다면 아이가 세상을 탐색할 수 있도록 돕기 위해 어떤 마음으로 어떻게 접촉하는 게 좋을까?

아이에게 나는 어떤 존재일까

그림책 『엄마는 집 같아요』(오로레 쁘띠, 개암나무)는 아이가 엄마 배 속에 있을 때부터 첫 걸음마를 뗄 때까지, 엄마와 함께한 순간 순간의 느낌을 표현한다. 그림책에서 아이는 엄마의 행동에 "엄마가 ○○ 같다"라고 비유한다. 아이가 배 속에 있을 때 엄마는 '집', 높이 안아줄 때는 '산꼭대기', 어두운 밤 나와 눈을 마주칠 때는 '달' 같다고 한다. 엄마의 노랫소리는 '멜로디', 엄마 몸 위에서 놀 때는 '길' 같다고 한다. 밤새 간호하는 엄마를 '의사' 같다며 엄마를 포근하고 안전하다고 생각한다. 그저 엄마는 엄마로서 해야 할 일을 한 것일 뿐인데, 아기는 엄마에게 의미 있는 일을 하고 있다고 말해준다.

지치거나 아플 때 아이가 안아달라고 하면 어떻게 하면 될까? 물론 포옥 충분히 안아주는 게 가장 좋지만 그렇지 못한 경우가 많다. 살짝 들어줄 수밖에 없는 상황이라면 그네 역할을 해주면 된다. "자, 안아줬다, 됐지?" 대신 "엄마가 지금은 그네가 되어줄게. 하나, 둘"이라고 해준다면 아이의 마음이 어떨까? 엄마의 반응에 따라 아이는 엄마를 신뢰할 수도, 불신할 수도 있다.

아기를 키울 때 상황마다 어떻게 해야 하는지 매번 고민이다. 어떤 역할을 하든 중요한 것은 아이에게 서툰 건 들켜도 된다는 점이다. '엄마 박사'인 아이는 엄마가 서툴다고 신뢰를 거두지는 않는다. 육아서를 수십 권 읽는다고 해결되는 것도 아니다. 답은 책에 있는 것이 아니라 아이의 눈에 있다. 아이가 엄마를 관찰하는 것처럼 엄마도 아이를 관찰하면 된다. "오늘 엄마는 무슨 역할?"이라고 물어보며 아이를 바라보고, 아이가 무엇을 말하고 있는지 눈을 통해 들어보자. 아이는 상황마다 다른 역할을 바라겠지만, 한결같이 바라는 모습은 『엄마는 집 같아요』의 마지막 장면이 아닐까. 언제, 어떤 일이 있어도 그 자리에 있는 집.

자율성 대 수치심과 회의감
(2세~4세)

◇

<u>나는 나 자신의 행동을 통제할 수 있는가</u>

내가
만들어낸 거야!

자신의 요구에 민감하게 반응해주는 양육자를 통해 신뢰감을 형성했다면, 다음 단계 유아기에서는 걷고 뛰는 이동 능력과 배변 조절 능력이 생긴다. 혼자서 해보겠다는 유아의 욕구가 양육자의 기대와 잘 통합하면 유아는 자율성(창의성, 독립심)을 키우게 된다. 하지만 양육 환경과 충돌하여 실패를 경험하게 되면 자신이 수행하지 못한 것에 대해 부끄러움을 느끼고 수치심을 가지게 된다.

유아가 자율감을 갖기 위해서는 획득해야 하는 능력이 있는데, 바로 자기 행동을 스스로 조절할 수 있다는 통제감이다. 12개월경이 되면 아이는 부모의 기대를 인식하게 된다. 걸음마를 시작하는 시기에 양육자가 기뻐하며 손뼉을 치면 더 많이 걸음을 떼려고 하는 것처럼 말이다. 두 살 정도 되면 친구의 장난감을 빼앗고 싶지만, 전에 부모가 보인 부정적인 반응을 기억하고 행동을 억제하는 자기 통제가 시작된다. 세 살 정도 되면 자기 조절이 가능해져서 친구가 멋진 장난감을 가지고 있어도 스스로 '저 장난감은 별로 재미없을 거야'라고 생각하며 다른 활동을 생각해내고 상황에 적응할 수 있게 된다(Feldman&Wenzel,1990).

이때 양육자가 지나치게 엄격할 경우 아이는 자기 통제력을 키우기 어렵다. 권위적인 양육자에게서 자란 아이는 과잉 통제로 인해 스스로 통제를 내면화할 기회를 갖지 못하고 자신이 할 수 있다는 동기를 상실하기 때문이다.

양육자는 아이가 스스로 해보도록 기다려줄 수 있어야 한다. 이를 통해 아이는 스스로 조절하고 통제할 기회를 얻게 된다. 그리고 머지않아 성공적으로 자율성을 성취할 수 있게 되고, 자신의 존재와 능력에 대해 확신하게 된다.

내가 해볼래요!

이 시기에 빼놓을 수 없는 과업이 배변 훈련이다. 아이들은 똥, 방귀 이야기를 굉장히 좋아한다. 그림책만 해도 똥과 관련된 책이 많다. 왜 아이들은 똥 이야기를 좋아하는 것일까? 소아정신과 전문의 서천석은 "똥이 더럽다는 의미는 어른들이 만들어낸 이미지일 뿐, 아이들에게 똥은 자신이 만들어낸 자랑스러운 창조물"이라고 설명한다. '자랑스러운' 똥을 보고 호들갑 떨며 뒤로 물러나는 어른의 모습을 재미있어하고, 어른이 지저분하다며 물러나는 공간을 자신이 차지하면서 자유와 해방감을 느낀다. 하지만 차츰 어른들이 가진 똥에 관한 생각을 받아들이게 되고, '깨끗하지 않아서 멀리해야 하는구나'를 배우게 된다. 이렇게 스스로 깨우치고 조절해나가는 과정에서, 누군가 강압적으로 '왜 쌌어?'라고 혼을 내며 개입하게 된다면, 영문도 모른 채 자신이 무엇을 잘못했나?라는 의심과 수치심을 가지게 된다.

배변 훈련을 할 때 가장 중요한 것은 아이가 그 과정을 즐겁게 느끼며 훈련하도록 돕는 것이다. 그림책 『내가 만든 똥』(박하잎, 미래엔아이세움)에 등장하는 아이는 자신이 만들어내는 똥에 바나나 똥, 토끼 똥, 아이스크림 똥 등 친근한 이름을 붙여주며, 오늘은 어떤 똥을 만들지 기분 좋은 상상을 한다. 이 책은 리듬감 있는 단어로 노래를 부르듯 즐겁게 배변 훈련을 하도록 도와준다. 그뿐만 아니라 양육자에게 전하는 메시지도 있다. 바로 소리치거나 윽박지르지 말고 즐겁게 배변 습관을 들여야 한다는 점이다. 유아는 똥을 참았다가 배출할 때 쾌감을 느끼고 양육자에게 칭찬과 환대를 받는다. 자기 통제와 조절에 대한 만족감은 더 좋은 것을 얻기 위해 참을 수 있는 능력을 갖출 수 있게 해준다. 우리가 알고 있는 '마시멜로 실험'에서, 작지만 즉각적인 보상보다 기다렸다가 더 많은 보상을 선택할 수 있는 만족지연 능력과도 연결되어 있다. 이 능력은 양육자의 지지와 따뜻한 반응으로 키울 수 있다.

아이의 즐거운 배변 습관을 돕는 것도 중요하지만, 때로 아이가 자신을 스스로 통제할 수 있다고 느끼고 완강하게 떼쓰거나 고집을 부릴 때는 적절한 훈육이 필요하다. 마가렛 말러는 만 3세에 '대상 항상성' 형성을 중요하게 보았다. 이것은 엄마가 눈앞에 보이지 않아도 여전히 존재한다는 것을 이해하는 '대상 영속성' 개념 이상으로 엄마의 이미지가 안정적으로 내면에 자리 잡는 것을 말한다. 아이는 처음에는 엄마가 야단을 치면 나쁜 엄마, 허용해주면 좋은 엄마라고 생각한다. 하지만 양육자가 혼을 내더라도 '사랑하는 우리 ○○가 다치지 않게 하려고 혼을 낸 거야'라며 꼭 안아주고 보듬어주면, 아이는 엄마가 긍정적인 의도로 혼을 냈다는 것을 인지한다. 그렇게 좋은 모습, 나쁜 모습 둘 다 나를 사랑하는 엄마의 모습으로 통합하여 인식하게 된다. 이처럼 아이가 양육자에 대해 긍정적인 이미지를 갖게 되면 정서가 안정되고 이를 바탕으로 자유롭게 새로운 탐색을 하게 된다.

그림책 『달을 먹은 아기 고양이』(캐빈 행크스, 비룡소)에서 아기 고양이는 하늘에 떠 있는 보름달을 커다란 우유 접시로 착각한다. 우유 접시 같은 달을 맛보려고 펄쩍 뛰어오르기를 반복하기도 하고 연못에 비친 달을 보고 풍덩 뛰어들기까지 한다. 결국 우유는 먹지 못하고 온몸이 물에 젖은 채로 지쳐서 집으로 돌아와 보니, 동그란 접시에 맛있는 우유가 담겨 있다. 우유를 먹은 아기 고양이의 행복해하는 모습으로 이야기는 끝난다. 그림책에는 처음부터 끝까지 아기 고양이 혼자만 등장한다. 엄마 고양이는 보이지 않지만, 집으로 돌아왔을 때 맛있는 우유가 놓여 있는 장면으로 엄마의 존재를 알 수 있다. 누군가 나를 옆에서 지켜봐주고 있다는 믿음은 아기 고양이가 내일 또 다른 자기만의 탐색을 할 수 있도록 해준다.

혼자 무언가를 탐색하는 과정은 외롭고 힘들 수 있지만, 아이가 스스로 문제를 해결하고 새로운 경험을 쌓으며 성장하는 데에는 필수적인 과정이다. 양육자가 아이를 과잉보호하거나 일일이 간섭하면서 모든 것을 해결해주려 한다면, 아이는 자신감을 잃고 혼자서 무언가를 해보려는 힘을 키우기가 어렵다. 작은 도전이라도 격려해주고 지지해줄 때 아이는 건강하게 자율성을 키워나간다. 처음에는 몇 걸음 나갔다가 돌아오겠지만 차츰 혼자만의 탐색 시간이 길어진다.

너무 걱정이 많은 학생

지나치게 성적을 걱정하며 등교를 거부하는 여고생과 어머니가 상담실을 찾았다. 학생은 공부에 대한 걱정을 끝없이 늘어놓으며 불안감을 표현하고 있었다. 학업성적이 나쁘지 않았지만, 자신은 능력이 부족하고 잘하는 게 없어서 대학이라도 좋은 곳에 가야 인정받을 수 있을 거라는 사고가 깊이 새겨져 있었다. 어머니는 아이에 대한 기대를 내려놓았는데도, 아이가 성적에 대한 불안감으로 힘들어한다며 걱정을 했다.

아이가 강박적인 정서를 조절하지 못해 불안증을 보이는 데는, 유년기에 자유롭게 탐색하고 만족을 느끼는 경험이 부족했던 것이 원인이 될 수 있다. 아직 신체적, 인지적으로 충분히 발달하지 않은 시기에는 스스로 해보고자 하는 욕구는 있지만 잘 해내는 능력은 부족하다. 배변 훈련 과정에서도 그렇다. 그때 부모의 불만족스러운 태도와 표정, 성공을 압박하는 말은 고스란히 아이에게 영향을 미친다. 아이는 부모의 기대와 요구에 부응하기 위해 깨끗하고 완벽해야 한다는 강박적인 사고에 고착될 가능성이 있다.

상담실을 찾은 학생의 부모는 모두 전문직이었다. "아이들이 정도를 벗어나지 않도록 양육하는 데 중점을 두고 키웠어요"라고 단호히 말하는 어머니의 모습이 매우 이성적으로 보였다. 본인이 직장 생활을 해야 했기 때문에 자녀들을 어릴 적부터 영어 유치원과 유명 학원에 보내며 엄격하게 관리했고, 언니는 최고 성적을 받으며 잘 다녔지만, 이 학생은 진도 따라가기를 버거워하며 학원을 몰래 빼먹기도 했다고 한다. 아이가 돌이 될 무렵, 박사 과정을 시작하게 되어 아이 돌보미를 고용했고, 돌보미의 잦은 교체가 있었다고 한다. 또한 아이의 요구에 적절히 대응하지 못하고 방치하거나 명령과 지시로 키웠던 시절이 있었다는 얘기도 들려주었다. 이때 아이가 많은 스트레스를 받았을 것 같아 마음에 걸린다는 말을 여러 번 반복했다.

아이는 머리가 아니라 온몸의 감각으로 기억한다

3세 이전 유아기는 지지와 수용을 받으며 자유롭게 활동하고 싶어 하는 때이다. 만약 이 시기에 이러한 욕구를 지속적으로 부정당하거나 평가받는다면, 내면에서 자율감 대신 자신에 대한 불안, 수치심과 같은 부정적 감정이 생겨날 수 있다. 이러한 정서는 자라면서 기대에 부합하지 못하는 상황에 놓일 때 쉽게 스트레스에 노출된다. 약간의 부정적인 느낌에도 초조해지거나 불안함을 느끼게 되며, 때로는 강박적인 사고로까지 이어질 수 있다.

현재 학생은 성적을 잘 받지 못할 것 같은 불안감을 피하려고 전학을 생각하고 있었다. '공부를 잘하지 못하면 사랑받지 못하고 가치 없는 사람'이라는, 자동으로 드는 부정적 사고부터 바꿔주는 게 필요하다고 어머니에게 알려드렸다. 아이에게는 부모님이 항상 자신을 사랑하고 인정해준다는 것을 알려주는 것이 중요하다. 어릴 적 아이에게 부족했던 따뜻한 정서를 이제라도 어머니가 충분히 채워주어야 한다고 제안했다. 어머니는 "말도 못 하는 어린 시절에 있었던 일을 아이가 기억이나 하고 있을까요?"라고 물었다. 나는 분명하게 대답해드렸다.

"네, 어린아이는 머리가 아니라 온몸의 감각으로 느낌을 기억하고 있습니다. 그래서 더 몸속 깊이 결핍이 남아 있을 수 있습니다. 태어나서 3세까지는 지적인 능력을 갖추는 뇌로 성숙하기 이전 여러 감각기관을 통해서 정서와 감정을 만들어가는 토대를 닦는 단계이기 때문입니다."

아이는 탯줄을 끊고 세상 밖으로 나오면서 신체적으로 독립을 한다. 만 3세는 충분히 안정감을 느끼는 환경에서 심리적으로 독립하는 시기이다. 그 과정이 충분하지 않았다면 다 큰 아이라도 그때 못해 준 정서적 지지를 지금이라도 넘치게 해주어야 한다. 그래야 아이가 회피하고 불안해하는 마음을 덜어내고 새로운 도전을 할 수 있다.

엄마와 아이의
동상이몽

고등학교 시절, "졸업하고 나서 하고 싶은 거 다 해!"라는 말을 표어처럼 듣고 자랐다. 설렘과 기대감으로 졸업을 기다리고, 주민등록증이 나오자마자 당당하게 보여주며 으스대던 기억. 어른이 되었다는 부담감보다 기쁨이 더 컸던 그때는 뭐든 할 수 있을 것 같았다. 이제 막 걷기 시작하는 아이들을 보면, 그때의 나와 같은 마음이 아닐까 하는 생각이 든다. 어른들이 보기엔 아직 조그맣고 귀엽기만 한데, 아이는 스스로 다 할 수 있다고 여긴다. 이 시기 아이는 누구보다 비장하다.

스스로 누구의 도움도 없이 발자국을 떼어 놓는 순간, 여기저기서 환호가 터져 나온다. 마치 올림픽 금메달이라도 딴 듯 아이의 표정도 환희로 빛난다. 출생 후 누워만 있던 아기는 어느 날 뒤집고, 기면서 조금씩 세상을 탐색한다. 드디어 돌 전후가 되면, 걷게 된다. 내 마음대로 세상을 탐색할 수 있게 된 아이의 기분은 얼마나 설렐까? 온 세상을 다 정복할 수 있을 것 같은 이 기분. 에베레스트라도 오를 기세인 아이를 말릴 방법이 없다.

자기 의지대로 탐색하며 세상을 정복하고 싶지만, 세상은 그리 호락호락하지 않다. 아이는 "아니", "싫어"라는 말로 자기주장을 하기 시작한다. 의지를 완강하게 표현하지 않으면, 어른들은 자기들 마음대로다. "엄마가 해줄게", "이렇게 하는 거야", "안 돼!"라고 하면서 물어보지도 않고 해주거나 강요한다. 아이는 떼쓰며 투쟁하지만, 본인도 안다. 자기 능력이 엄마보다 한참 부족하다는 것을. 아이는 안간힘을 쓰며 센 척하고, 어른은 아이의 불꽃같은 의지를 두고 '싫어병'에 걸렸다며 못마땅해한다.

하려는 마음은 크지만 할 수 있는 게 적어서

설렘으로 가득 찬 의지에 비해 현실은 녹록치 않다. 어른처럼 잘하고 싶은 마음은 큰데, 하는 것마다 제대로 안 되니 아이는 속상하기만 하다. 딸아이 세 살 때가 떠오른다. 아이는 큰 장화를 신고 위풍당당 걸어가고 있었다. 아이 뒤를 천천히 따라가는데, 순간 아이 발이 꼬여 넘어질 뻔했다. 뒤뚱거리는 뒷모습이 귀여워서 나도 모르게 키득키득 웃고 말았다. 그 소리에 딸이 째려보더니 "난 애라고!"라며 소리쳤다. 그때는 아이 말이 그저 신기하고 재밌기만 했는데, 요시타케 신스케 그림책을 보며 딸아이의 속상함이 얼마나 컸는지 알게 되었다.

그림책 『벗지 말 걸 그랬어』(요시타케 신스케, 위즈덤하우스)는 스스로 해내고자 하는 아이 마음을 잘 표현한 책이다. 책은 아이가 '옷이 걸려서 벗을 수 없게 된 지 얼마나 지났을까' 고민하는 장면으로 시작된다. 목욕하자는 엄마의 말에 아이는 옷을 스스로 벗고 싶어서 고뇌한다. 내가 스스로 벗는다고 했는데도 엄마가 급하게 벗기려고 하다가 걸려버렸다고 속으로 엄마 탓을 한다. 얼마나 스스로 해내고 싶었을까?

이처럼 스스로 하려는 마음을 '자율성'이라 한다. 하지만 잘하고 싶은데 아무리 애를 써도 잘되지 않으니 화가 난다. 아이는 끙끙대며 여러 번 시도해도 되지 않자 옷이 걸린 채 살아보면 어떨까 상상한다. 옷을 뒤집어쓴 채 거리를 활보하는 모습은 상상 초월이다. 아이의 모습을 재미있게 표현했지만, 자신을 다독이고 위로하는 모습은 어른보다 더 성숙하고 용기 있어 보인다. 엄마에게 도와달라고 하면 금방 해결된다는 것을 아이도 알지만 고민한다. 결국, 아이의 옷은 엄마의 현란한 솜씨로 한 번에 벗겨진다. 위풍당당한 엄마의 한쪽 팔에 축 늘어져 매달려 있는 아이의 뒷모습은 처참하다.

어른들은 아이가 사소한 것에 괜한 고집을 부린다고 여기고 귀엽거나 어이가 없다고 생각한다. 아이가 얼마나 진지한지는 알지 못한다. 아이에게는 모든 것이 삶의 도전이다. 뭐든 스스로 해보려는 아이를 볼 때 엄마는 때로는 기특하고, 때로는 속이 터진다.

아이에게는 매 순간이 도전

놀이 상황에서 엄마와 아이의 동상이몽이 자주 발생한다. 그림을 어떻게 그릴지 크레파스를 잡고 종이를 진지하게 바라보는 세 살 아이가 있었다. 그 모습을 본 엄마는 갑자기 "엄마가 그려줄게, 이거는 나비야~~, 꽃이야~~" 하면서 친절하게 그림을 그려주었다. 친절한 엄마의 행동에 아이는 좋아했지만, 이내 아이의 진지한 표정은 사라졌다. 아이는 크레파스를 계속 엄마에게 건네며 그려달라고 하고, 엄마는 "아니, 이제 네가 해봐, 네가 할 수 있잖아~"라고 재촉했다. 엄마는 자신이 한 친절한 행동이 그림을 그리려는 아이의 자율 의지를 떨어뜨렸다는 사실을 모른 채, 아이가 스스로 뭘 하려고 하지 않는다고 답답해했다.

대략 만 2세가 되면 아이는 자기 평가를 하기 시작한다. 자기 평가란 상대의 반응을 살펴 자기 행동을 평가하는 것을 말한다. 아이는 엄마의 반응에 따라 자신의 그림 실력을 평가하고, 자신이 엄마보다 못한다고 판단한 것이다. 이와 같은 자기평가 과정에서 자존감 발달이 이루어지는데, 타인에게 민감하게 반응하는 만 2~3세에 뚜렷이 보인다.

아이들이 타인의 평가에 어떻게 반응하는지 알아보고자 만 13~39개월 아이들을 대상으로 실험한 연구가 있다(Stipek, Recchia와 McClinic,1992). 아이는 실험자로부터 여러 장난감을 소개받고, 장난감이 어떻게 작동하는지를 배웠다. 실험 결과, 생후 21개월 이전의 아이는 실험자가 장난감을 작동시켰을 때나 자신이 작동시켰을 때 반응에 차이가 없었다. 그러나 생후 21개월 이후의 아이는 실험자가 작동시켰을 때보다 자신이 장난감을 작동시킨 후에 실험자를 더 자주 쳐다보았다. 이는 생후 21개월 이후 아이는 자신의 수행을 상대방의 칭찬이나 반응을 통해 평가한다는 것을 보여준다.

이 시기 아이들은 스스로 뿌듯해하는 일을 하고 나서 가장 먼저 상대방을 쳐다본다. 그때 상대와 눈이 마주치면 환희는 이루 말할 수가 없고, 자신의 가치를 더 높게 평가하게 된다. 매 순간이 도전인 아이에게 사소한 행동은 하나도 없다.

그림책 『내가 다 열어줄게』(요키타케 신스케, 위즈덤하우스)는 뭐든 다 열고 싶은 아이와 다 열어주고 싶은 아빠를 재미나고 따뜻하게 표현한다. 아이는 초콜릿이 먹고 싶은데, 봉지를 뜯기가 어려워서 고민이다. 갖은 인상을 쓰며 다양한 시도를 하지만 쉽사리 되지 않는다. 결국 포기하고 엄마에게 뜯어달라고 부탁한다. 속이 상한 아이는 열기 대장이 된 자신을 상상한다. 사람들이 줄을 서서 자기에게 뚜껑을 열어달라고 소리치는 모습부터 금고, 바위, 도둑이 훔친 가방, 아저씨 바지 지퍼를 여는 장면까지, 생각만 해도 뿌듯하다. 기쁜 상상도 잠시, 아이는 아직 열기 대장이 되기 어려운 현실을 알기에 마음이 착잡하다. 뚜껑을 멋지게 열어 주스를 벌컥벌컥 마시고 싶지만, 아빠에게 주스 뚜껑을 열어달라고 부탁하기 위해 터벅터벅 걸어간다. 아빠에게 부탁하면 아빠가 항상 기분 좋아한다는 것을 아이는 안다.

이 책은 아빠의 관점에서도 이야기한다. 아빠는 아이가 클 때까지 많은 것을 열어주고 싶어 한다. 스스로 할 수 있으면 아빠를 찾지 않을까 봐 걱정도 한다. 하지만 하나씩 아이에게 여는 방법을 가르쳐줄 거라며 굳건하게 마음을 먹는데…. 어느 날 아이가 고개를 푹 숙인 채, "근데, 나는 아직 어려서 아무것도 열 수 없어"라고 아빠에게 자신 없이 말한다. 아빠는 그렇지 않다며 신선한 방법으로 아이를 열기 대장으로 만들어준다. 아이의 마음을 응원해주는 아빠의 행동은 아이에게 자신이 능력자임을 알게 해준다.

전에 만난 네 살 아이가 생각난다. 아이는 엄마를 정말 좋아하지만, 로봇을 만들거나 장난감을 조작할 때는 엄마를 등지고 앉아 있었다. 엄마가 도와줄까 봐 최대한 엄마와 거리를 두었고, 다 만들고 나서는 엄마에게 달려가 뿌듯한 표정으로 자랑했다. 아이는 엄마가 해결해주기보다 해결했을 때의 기쁨을 엄마와 나누길 원했다.

나의 자율성은 괜찮은가

"아니야!"라고 외치면서 자율 의지를 표현하는 아이들을 보면, 지금 어른이 된 나는 내가 하고자 하는 바를 건강하게 표현하는지 뒤돌아보게 된다. 자율성을 억압당한 채 자란 이들은 어른이 돼서도 그로 인해 고통을 받는다.

몇 해 전, 아이의 발달문제로 상담소를 찾은 유학파 어머니는 자신은 오로지 부모의 바람대로 자랐다고 털어놨다. 너무 답답하고 힘들었지만 그렇게 해야 한다고 생각했고, 겉으로는 꾸역꾸역 착한 아이로 살면서 속으로는 엄마에게 복수를 꿈꿨다고 했다. 수석으로 대학을 졸업하는 날, 부모님이 그날을 고대하는 걸 알기에 일부러 졸업 날짜를 틀리게 말하고, 졸업식에 참여할 수 없게 했는데 매우 통쾌했다고 한다. 지금도 자신의 아이를 양육하는 데 대해 엄마의 간섭이 많아 눈치를 보게 되고 여전히 엄마의 말에 흔들린다고 말했다.

부모가 아이의 행복을 위해서 선택한 방법이 아이의 자율성을 짓밟는 경우가 많다. 그러고는 "다 너를 위해서야"라고 말한다. 사실 어떤 부모나 아이의 행복을 바란다. 나보다는 더 나은 삶을 살기를, 세상 속에서 인정받으며 당당하게 살기를 바라는 마음에서 아이에게 가야 할 길을 강요하는 것이다. 하지만 의도가 아무리 좋아도 정반대의 결과가 나올 수 있다. 자신이 선택하지 않은 삶을 산 아이는 어른이 돼서도 자신의 삶이 만족스럽지 못하다. 자신이 선택한 것이 아니기에 계속 남 탓하기에 바쁘다.

자율성이 발달하는 시기에는 모든 것이 서툴다. 그 시기에 서툰 채로 많은 시행착오를 경험해 봐야 어른이 되어서도 쉽게 좌절하지 않고 쉽게 회복할 수 있다.

내 안의 자율성을 실컷 발휘하지 못한 채 어른이 되었다면, 지금이라도 채우지 못한 구멍을 메우면 된다. 아주 사소한 것부터 내가 할 수 있는 게 무엇이고, 내가 하고 싶은 게 무엇인지 들여다보고 표현하자. 내 안에 잠자고 있는 자율성을 깨울 수 있다면, 내 안에 크지 못한 자율성 시기의 아이가 쑥쑥 자라날 것이다.

자율성 획득의
결정적 시기

주 양육자에게 의존하던 영아기를 지난 유아는 걷기 시작하면서 운동 기능이 발달하고 신체 움직임이 활발해진다. 말을 할 수 있게 되고 자신의 감정을 표현하기 시작하면서 주변 사람들과 의사소통을 시도한다. 혼자 밥을 먹고, 스스로 옷을 입고, 또래와 대화하기를 시도하면서 자율성을 연습하는데, 이를 통해 유아 스스로 환경을 통제할 수 있게 되는 것이다. 이때 무엇을 통제해야 하는지, 무엇을 그대로 두어야 하는지 선택하게 되고, 자신이 할 수 있는 일을 하며 의지를 키우게 된다.

다비드 칼리의 그림책 『끝까지 제대로』(다비드 칼리 글, 안나 아파리시오 카탈라 그림, 나무말미)에서 주인공 카스파는 에너지와 호기심이 많고, 하고 싶은 것도 너무 많은 아이다. 태권도, 승마, 테니스… 온갖 스포츠를 다 해보지만, 첫 번째 수업에서 더 나아가지 못한다. 모든 악기를 연주해보지만 단 하루뿐이다. 그림 퍼즐, 숫자 퍼즐도 다 못 맞추고, 책도 끝까지 읽지 못한다. 카스파는 끊임없이 호기심을 가지고 다양한 일을 시도하지만, 뭐 하나도 끝까지 해내지 못한다.

"카스파, 지금까지 무얼 마무리한 적이 있니? 끝까지 제대로 한 적이 있니?"

카스파의 엄마는 시작한 일을 제대로 끝내지 못하는 카스파에 대해 걱정이 이만저만이 아니다. 카스파는 무언가를 끝내야 한다는 압박감을 느끼면서도 하고 싶은 게 너무 많아서 무엇이든 시작을 해보지만 끝까지 해내지 못한다.

유아기에 어떤 일을 시작하고 끝내기란 매우 어렵다. 유아가 혼자 할 수 있는 일은 많지 않고 미숙하고 서투르지만 시도하고 실수하는 경험은 소중한 능력이 될 수 있다. 자율성 획득의 최적기인 이 시기에 부모가 아이의 자발적 행동을 칭찬하면서 환경을 자유롭게 탐색하고 경험할 수 있도록 허용할 때 자율성이 형성된다. 건강한 자율성을 획득하면 "나는 능력 있는 사람이야"라고 자기 존재를 긍정적으로 인식하지만, 자율성을 경험하지 못하면 수치심을 갖게 된다. 조금 못마땅하고 부족해 보이는 '선택'이어도 존중해주는 태도가 필요하다. 자율성은 방임하는 것과는 다르다. 스스로 의지를 키울 수 있도록 한계(통제) 안에서 충분히 자율성을 경험하도록 해주는 것이 부모의 역할이다.

건강한 자율성을 키워준 모범 사례

주말마다 손자를 보러 가는 지인의 이야기다. 유아기의 손자가 혼자 밥을 먹으며 식탁 주변을 난장판으로 만들었다고 한다. 지인은 식당에서 사용하는 비닐을 사다가 식탁 주변에 깔아두고 치울 각오를 하면서 혼자 먹을 수 있게 기다려주었다. 혼자 밥을 먹게 하는 것보다 먹여주는 게 훨씬 쉬운 일이지만 아이가 경험할 수 있는 환경을 제공해주기 위해서 지인 가족은 힘든 선택을 한 것이다. 배변 훈련을 하면서 휴지를 변기에 계속 넣으면 해결이 된다고 생각했는지 휴지 한 롤을 다 풀어서 변기에 넣는 바람에 변기가 몇 번이나 막혔다고 한다. 변기가 막히는 일이 반복된 후 휴지만 풀어 변기에 넣는다고 해결되지는 않는다는 걸 경험으로 깨달은 것 같다고 했다.

아이는 좋아하는 장난감으로 놀이를 한 후에는 자기가 정리한다고 손대지 못하게 했다. 스스로 다 정리했다고 생각되면 "할머니, 이제 청소기 해도 돼요"라고 하면서 "장난감을 치우니까 아쉽지만 기뻤어요"라고 말했다고 한다. 더 놀고 싶지만, 장난감을 치워야 한다는 걸 알고 스스로 정리한 자기 모습이 뿌듯했을 것이다.

자율성은 자신이 선택한 목표와 가치를 이루기 위해 행동을 상황에 맞게 조절하고 적응하는 능력이다. 아이에게 경험의 기회를 충분히 제공하고 기다려주는 양육 방식으로 건강한 자율성을 획득하게 해준 사례로 볼 수 있다.

유아는 스스로 경험할 기회를 주면서 기다려줄 때 자신감을 가지고 무엇이든지 시도하려는 모습을 보인다. 자율성을 지지하면서 기다려주면 건강한 자율성을 획득하게 되고 자존감도 높아진다.

유아기(2~3세)의 발달과업인 자율성 획득은 부모의 양육 태도에 영향을 많이 받는다. 걷기 시작한 아이는 자유롭게 돌아다니고 싶어 하는데 이때 양육자는 유아가 스스로 환경을 탐색하도록 격려함으로써 자율성을 키워줄 수 있다. 그러나 양육자가 과잉보호하거나 방임할 때 유아는 환경을 완벽히 통제할 수 없다는 것을 깨닫게 되면서 수치심을 느낀다. 자율성과 통제를 적절히 경험하는 것이 무척 중요한 시기다.

유아기 자녀를 둔 부모의 언어를 보면 대체로 자율보다 통제가 많다. '안 돼, 위험해, 울지 마, 하지 마, 기다려, 엄마 말 들어' 같은 통제 언어를 많이 사용한다. 아이가 통제에 순응하면 '잘했어, 착하지, 사랑해' 같은 말로 보상을 해주는 경우가 많은데 이런 보상 언어도 자녀에게 통제 언어가 될 수 있다.

아이는 수많은 실수와 조절 과정을 통해 자율성을 획득하기 때문에 유아기의 부모는 안전한 울타리 안에서 자율성을 제공해주어야 한다. 부모가 개입할 수 있는 장소에서 위험한 결과를 초래하는 상황을 제한한 다음 그 밖의 것은 허용해야 한다.

부모의 완벽주의가 문제가 될 때

스스로 주도하면서 자기 조절 경험을 많이 할수록 이후 성인이 되어서도 완전한 독립체로 성장할 수 있다. 요즘 캥거루족(부모에게 경제적으로 의존하는 20~30대 젊은이를 일컫는 용어)이 자주 회자된다. 대학생 자녀를 대신해 부모가 학점에 대한 이의 제기를 하고, 회사에 휴가를 낼 때도 부모가 상사에게 전화를 하는 경우가 있다고 한다. 모두 유아기에 자율성이 제대로 발달하지 못한 데서 비롯된 문제라고 할 수 있다. 유아기 발달 특성을 잘 이해하고 올바른 발달과업을 수행할 수 있도록 돕는 것이 필요한 이유다.

헬리콥터 부모란 모든 것을 통제하려고 하는 부모를 의미한다. 이런 부모는 자녀의 삶에 깊은 수준으로 개입하고 자율적인 문제해결과 의사결정을 허용하지 않는다. 아이에게 넘치는 사랑과 관심을 보이고 필요한 모든 자원을 제공하면서 과잉보호를 한다.

연구에 의하면 완벽주의 경향을 가진 부모가 자녀를 통제하려는 모습을 보인다고 한다(Soenens et al., 2006). 완벽주의 경향의 부모는 자녀가 조금이라도 기준에서 어긋나면 비판과 비난을 한다. 부모 자신에게도 높은 기준을 적용하기 때문에 자기 비난도 심한 편이다. '착한 딸 또는 아들이라면 반드시 ○○해야 한다'라는 높은 기준을 갖고 있어서 유연성이 부족하고 좌절 경험이 많다. 또한 자신의 욕구에 둔감하고 자신의 마음에 솔직하지 못한 만큼 자녀의 욕구나 생각, 감정에도 둔감한 편이며 자녀가 마음에 드는 행동을 할 때만 예뻐하는 '조건적인 사랑'을 보이기도 한다.

그림책 『완벽한 아이 팔아요』(미카엘 에스코피에, 길벗스쿨)에서 뒤프레 부부는 완벽한 아이를 사려고 대형 마트를 찾는다. 음악 잘하는 아이, 천재 아이, 쌍둥이 아이….
부부는 진열된 수많은 아이 중 그토록 원하던 '완벽한 아이' 바티스트를 살 수 있었다. 한 가족이 된 바티스트는 인사도 잘하고, 공부도 잘하고, 얌전하고, 부모님 말씀도 잘 듣는, 그야말로 완벽한 아이다.

그러던 어느 날, 엄마 아빠가 학교 축제 날짜를 헷갈리는 실수를 하는 바람에 바티스트는 반 친구들에게 창피를 당하게 된다. 완벽했던 아이는 마침내 처음으로 불만을 터트린다. 그 모습에 놀란 뒤프레 부부는 아이를 샀던 대형 마트에 가서 수리를 맡기려고 하는데 바티스트는 "혹시 저한테도 완벽한 부모님을 찾아주실 수 있나요?"라고 묻는다.

부모는 아이에게 많은 것을 요구하면서 그것을 사랑이라고 착각한다. 내 아이에게 갖는 기대감이 큰 나머지 자율성을 허용하기보다는 지나친 통제로 아이의 발달과업을 방해하는 것이다. 아이에게 완벽한 부모란 어떤 부모일까? 바티스트가 우리에게 던지는 질문에 답을 생각해보길 바란다. 사랑이라는 이름으로, 아이를 위해서라는 명목하에 완벽을 강요하면서 엄격한 기준으로 아이를 통제하고 있는 건 아닐까.

부모도 아이도 완벽하지 않다. 완벽함을 강요할 것이 아니라 아이를 있는 그대로 존중하고 사랑한다면, 그것으로 충분하다.

자율성을 키워주는 페리 프리스쿨 프로젝트

2000년 노벨경제학상을 수상한 헤크먼 교수는 1962년부터 1967년까지 빈민층 지역 3~4세 어린이 128명을 대상으로 '페리 프리스쿨 프로젝트'를 진행했다. 아이들을 무작위로 64명씩 두 그룹으로 나누어, A 그룹에만 비인지 능력을 강화하는 교육을 매주 2시간 반씩 2년 동안 실시했다. 페리 프리스쿨 프로젝트는 아이들 스스로가 그날 하루 동안 무엇을 할지 자율적으로 결정할 기회를 주었다. 스스로 계획을 수립하게 했고, 그 계획을 자신의 의지로 실천하게 했다. 수업이 끝날 무렵에는 실제로 자기가 하기로 마음먹은 일을 얼마만큼 했는지 교사와 함께 돌이켜보는 것이 핵심이었다. 즉, 어린아이에게 자율성을 주어 스스로 동기 부여할 기회를 마련해주었고, 실제로 끝까지 그것을 다 완수했는가를 돌이켜보게 함으로써 자기 조절력을 향상시킨 것이다.

그 후 40여 년간 이 아이들의 성장 과정을 추적했는데, 비인지 능력을 강화한 A그룹이 인지능력 위주의 B그룹보다 여러 면에서 훨씬 더 행복하고, 안정적이고, 성공적인 삶을 살고 있었으며 교육 수준이 훨씬 더 높았다(김주환, 『그릿』 참조). 유아기 자율성 획득의 중요성을 잘 보여주는 프로젝트다.

자율성을 키우기 위한 세 가지 지침

유아의 자율성을 키우기 위한 몇 가지 지침이 있다.

첫째, 아이에게 스스로 할 수 있는 기회를 준다. 스스로 무엇인가를 해내는 기쁨이 반복되면 자연스럽게 자율성이 자라게 된다. 이러한 경험이 성공적으로 반복되면 이후에 스스로 행동을 계획해서 수행하도록 난이도를 높여준다. 단, 너무 어려운 경험으로 실패와 좌절을 맛보지 않도록 수위를 잘 조절해주는 것이 필요하다.

둘째, 부모가 아이를 존중하고 인정하고 있음을 느끼도록 해준다. 유아기는 자기가 하고 싶은 것, 좋아하는 것에 관한 주장이 강해지는 시기다. 스스로 생각하고 행동하려는 의지를 꺾을 수 있으므로 아이의 말과 행동이 부모의 생각에 반한다고 해서 무조건 "안 돼!"라고 하면 안 된다. 왜 그렇게 생각했는지, 왜 그것이 하고 싶은지 천천히 이유를 들어주면서 아이의 말을 경청한 후 부모의 생각을 아이에게 전하고 절충안을 함께 얘기한다.

셋째, 스스로 할 수 있는 일을 꾸준히 하게 한다. 스스로 꾸준히 할 수 있도록 돕는 일은 부모의 역할이다. 옆에서 인내심을 갖고 지켜봐주고 격려해주는 것이 필요하다.

아이가 스스로 책임감을 느끼고 결정하며 행동할 수 있는 어른으로 자라기 위해서는 유아기의 자율성 획득이 매우 중요하다. 아이가 어리다고 해서 할 수 있는 일을 통제하거나 대신 해주다 보면 자율성을 배울 수 있는 시기를 놓쳐버릴 수도 있다. 아이는 스스로 할 수 있는 잠재력을 가진 존재다. 그런 믿음으로 기준 안에서 자유롭게 선택하고 시도할 수 있는 기회를 주면서 기다려준다면 아이들은 건강하게 성장할 것이다.

주도성 대 죄의식
(4세~5세)

◇

나는 부모로부터 독립하고 나의 한계를
찾아낼 수 있는가

건강한
주도성이란

아장아장 걷던 아이가 어느새 쑥쑥 커서 아기 티를 벗는다. 언제 이리 컸나 싶을 정도로 못 하는 말이 없고, 일상생활에서도 능숙하게 일을 해낸다. 자기 스스로 할 수 있는 일이 많아지고 아이는 함께하는 것에 더 관심을 둔다.

요즘은 이른 시기에 어린이집에 가는 경우도 많지만, 보통 만 3~5세면 어린이집이나 유치원에 간다. 이 시기 아이는 다른 사람을 놀이에 참여시키고 이끌어가며 주도하기 시작한다. 무모할 때도 있으나 나름대로 목표나 계획을 세워 함께 놀이하는 것을 즐거워한다. 부모도 이때부터 사회성 발달을 고민한다. "자기주장이 너무 강해요." "자기 의견을 내세우지 못하고 친구가 시키는 대로 해요." 어떤 친구는 이기적이어서, 어떤 친구는 소극적이어서 고민이다.

아이의 행동 특성을 흔히 성격이라 말하지만, 엄밀히 말하면 기질과 성격으로 나눌 수 있다. 기질이란 태어날 때부터 가지고 있는 고유한 행동 양식이며 평생 거의 변하지 않는다. 그에 반해 성격이란 기질과 환경의 상호작용을 통해 후천적으로 습득하고 형성된다. 이기적이거나 소극적인 친구들은 어떤 기질을 가지고 태어났을까?

통상 몇 가지 기질로 나누지만, 자세히 들여다보면 아이들의 기질은 100인 100색이다. 부모 또한 저마다 다른 기질을 지녔기에, 기질이 맞기란 정말 어려운 일이다. 부모의 기질이 달라도 부모가 바라는 아이 상은 비슷하다. 바로 양육하기에 버겁지 않은 아이다. 잘 먹고, 잘 자고, 말 잘 듣는 아이. 물론 상대적으로 더 쉬운 기질의 아이가 있지만 쉬운 양육이란 없다. 지나고 나서야 쉬운 편이었다고 이야기할 뿐이다. 그만큼 양육은 어렵고 위대하다.

기질 맞춤 양육도 중요하지만, 무엇보다 어떤 아이든지 주도성의 잠재력이 있다는 것을 알아야 한다. 이기적이거나 소극적이라 고민하는 아이도 환경에 따라 주도적인 아이가 될 수 있다. 이 시기부터 또래 관계에서 사회성 발달이 시작되기에 아이의 주도성이 갑자기 100점이 될 수는 없다. 그렇다면 건강한 주도를 할 수 있게 하려면 어떻게 해야 할까?

내 생각을 맞혀봐

그림책 『아빠, 나한테 물어봐』(버나드 와버 글, 이수지 그림, 비룡소)는 건강한 주도의 모습을 보여준다. 양육을 하는 당신의 모습은 어떤지 생각해보자. 양육자와 아이 중 누가 질문을 더 많이 하는가? 주로 어떤 질문을 했고, 질문에 의도가 있었나? 의도가 있었다면, 아이의 관심사가 궁금해서일까 아니면 아이가 제대로 알고 있는지 확인하기 위함일까?

그림책 속 아빠에게 아이는 뭘 물어볼지 질문을 정해준다. 아이는 자신이 무엇을 좋아하는지 아빠에게 물어보라고 한 후, 아빠가 질문하면 자기가 좋아하는 것에 대해 신나게 나열한다. 끊임없이 새로운 질문을 정해주고 자기 생각을 표현하며 대화를 이끌어간다. 이게 바로 '건강한 주도'다.

아이는 이미 아는 내용도 아빠에게 질문해달라고 청한다. 아빠가 왜 이미 알고 있는데도 질문을 해야 하냐고 묻자 아이는 "아빠에게 듣고 싶어서"라며 웃는다. 뭔가가 알고 싶어서라기보다 아빠와 하는 대화 자체가 즐겁다. 즐겁다는 건 재미있다는 뜻이다. 이런 재미는 배움의 필수 조건으로 계속 시도하고 유지할 수 있게 해준다. 아이가 어떤 말을 해도 지지하고 반응해주는 아빠와 대화하면서 아이는 편안하고 즐거움이 가득한 정서적 재미를 느낀다.

또한 아빠가 해줬으면 하는 질문을 생각하면서 인지적 재미까지 더해진다. 만약 아빠가 재미있게 신체 놀이를 해주면 정서적 재미는 느끼지만, 인지적 재미는 느낄 수 없다. 아이가 주도한 게 아니기 때문이다. 아이는 자기 전까지 아빠와 끊임없이 대화한다. "뽀뽀 또 받고 싶은지 물어봐." 아빠가 해줬으면 하는 행동을 이렇게 표현한다. 말하지 않아도 상대가 마음을 알아주길 바라는 어른들보다 훨씬 건강한 소통을 한다.

가정에서 형제들과 놀이를 하면서도 아이들은 주도성을 배운다. 가정은 작은 사회이기 때문에 가장 연습하기 좋은 공간이다. 몇 년 전 아이들과 함께했던 "내 생각을 맞춰봐!" 게임이 생각난다. 차 안에서 첫째와 둘째가 즐겁게 수수께끼를 하고 있었는데, 셋째는 게임을 못 한다며 창밖만 보고 있었다. 셋째가 안쓰럽게 느껴져 나는 "네 생각을 맞춰볼게. 어떤 생각이든 표현해봐"라고 제안했다. 셋째는 곰곰이 생각하다가 "세모 위에 있고, 반짝여~"라고 조심스레 문제를 냈다. "네 생각이 정답이야"라며 지지해주자, 아이는 거침없이 표현했다. 끝내 답은 못 맞췄지만, 정답을 들으니 아이의 생각이 정말 놀라웠다. 비 온 뒤, 세모 모양의 산 위에 반짝이는 나무를 떠올린 것이었다. 그 후로 아이의 다채로운 생각을 가족들이 지지해주자 아이는 가족뿐 아니라 다른 사람들에게도 자신감 있게 자기 생각을 표현했다. 물론 친구들과 의견이 맞지 않을 때도 있지만, 자기 의견을 표현하고 친구의 의견도 받아들이며 주도성을 배우고 있다.

아이의 사회성 발달을 위해 무슨 학원이나 센터를 다녀야 하냐는 질문을 많이 받는다. 물론 소그룹으로 진행되는 또래 집단이 친구 관계 형성에 도움을 주지만, 그 이전에 부모와의 관계가 어떤지 체크해야 한다. 엄마에게 아이와의 관계를 물으면 대부분 "저랑은 관계가 좋은데, 친구들한테는 소극적이에요. 자기 생각을 잘 표현하지 못해요"라고 말한다. 요즘 엄마들은 아이에게 관심이 많은 만큼 아이와 관계가 좋은 경우가 많다.

하지만 엄마가 아이와 관계가 좋다고 느낀다고 해서 아이가 다른 관계에서도 적극적인 것은 아니다. 아이가 미주알고주알 엄마에게 친구와 힘들었던 일을 이야기하면, 엄마들은 해결책을 제시해주기에 바쁘다. 아이가 주도적으로 친구 관계를 해결하도록 도우려면 어떻게 해야 할까? 그 질문에 명쾌하게 답해주는 그림책이 있다.

아이의 생각에 응해주는 게 먼저

그림책 『놀이터의 왕』(필리스 레이놀즈 네일러 글, 놀라 랭그너 멀론 그림, 보물창고)은 주인공 케빈이 자신을 괴롭히는 친구와의 관계를 아빠와 대화하면서 해결해나가는 내용이다. 주인공 케빈은 용감해지고 싶다. 배트맨 팬티, 스파이더맨 티셔츠, 말굽 장식이 있는 청바지를 입고 힘껏 으스대보지만 용감하지 않은 것 같아 속상하다. 케빈은 놀이터를 좋아하지만, 새미가 있으면 놀이터에서 재미있게 놀 수가 없다. 새미는 케빈에게 여기서 놀지 말라고 으름장을 놓고, 미끄럼틀을 타면 밧줄로 꽁꽁 묶겠다고 큰소리친다.

결국 미끄럼틀을 타지 못하고 돌아온 케빈은 아빠에게 속상한 마음을 털어놓는다. 이야기를 다 들은 아빠는 케빈에게 "저런, 정말 그렇게 말했니? 그럼 새미가 널 묶는 동안, 넌 어떻게 할 건데? 그냥 가만히 있을 거니?"라고 묻는다. 그러자 케빈은 곰곰이 생각하다가 "막 발길질을 할 거예요"라고 말한다. 그러자 아빠는 미소를 지으며 "그럼, 그렇게 하렴"이라고 대답한다.

다음 날도, 그다음 날도 새미 때문에 속상해서 돌아온 케빈에게 아빠는 어떻게 할 건지 물어보고, 어떠한 생각이든 지지해준다. 점차 아이는 아빠가 묻기도 전에 어떻게 하면 될지 스스로 생각하고 답을 찾아가며 새미에게 당당히 맞서기 시작한다. 어느 날 새미에게 "성 만드는 거 좀 도와줄래?"라고 주도적으로 제안도 한다. 아빠는 어떠한 의견도, 가르침도 주지 않았지만, 아이는 스스로 답을 찾아 또래 관계의 어려움을 극복하고 친구를 이끌었다.

엄마들에게 나는 이렇게 말한다.

"아이의 주도성은 부모가 가르쳐서 만들어지는 게 아니에요. 아이가 생각을 표현하고 스스로 계획을 세울 수 있도록 부모가 아이의 생각에 따라주는 거지요."

아이가 친구들에게 자기 표현을 하지 못한다며 상담을 온 엄마가 있었다. 상담 이후, 엄마는 아이의 주도에 따라 아이의 생각에 응해주는 연습을 했다. 아이가 "엄마, ○○하자"라고 하면 "응, ○○하자" 이렇게 그대로 말해주는 것이다. "이거 뭐야?", "뭐 할 거야?"라고 먼저 질문하지 않고, "○○하는 거 어때?"라고 제안하지도 말고, 아이의 생각에 거울처럼 반응해주는 것이다. 엄마는 이 연습을 꾸준히 했다. 몇 달 후, 엄마는 아이가 집에서 끊임없이 자기 이야기를 하고, 친구에게도 먼저 다가간다며 놀라워했다. 이처럼 가정에서 긍정적인 경험을 하면 아이의 주도성이 향상된다. 엄마와의 관계를 통해 배운 주도성을 아이는 다른 관계에 적용한다. 또래 관계를 살펴보기 이전에 아이가 부모에게 자기 의견을 편안하게 이야기하는지부터 봐야 하는 이유다.

아이가 건강한 주도를 하도록 돕기 위해 부모는 아이의 생각을 들어주는 연습을 해야 한다. 반짝이는 눈빛으로 아이의 생각을 궁금해하며 들어주자. 가정에서 먼저 시도하고 시행착오를 경험할 수 있게 기회를 주면, 아이는 자신만의 방법으로 문제를 해결하고, 건강하게 주도할 수 있게 된다.

> 혼자 하고
> 싶어요

유아의 활동 범위는 유치원과 어린이집으로 넓어진다. 자연스레 대인관계의 폭이 넓어져 가족 이외의 사람들과 상호작용을 통해서 바깥세상을 탐험하고 사회의 가치관과 규범을 습득하게 된다. 이렇듯 유아기에는 에너지를 사회문화적 기술을 익히는 데 사용한다.

　유아기 아이는 좀 더 진취적으로 목적의식을 가지고 행동한다. 새로운 과제를 가지고 씨름하고, 또래 친구와 함께하는 활동에 참여하며 어른을 도울 수 있는 일이 무엇인지 알게 된다. 에릭슨은 유아는 놀이를 통해 자신과 사회적 관계에 대해 알게 된다고 하였다.

오랜 시간 유아교육 현장에서 근무하며 여러 유형의 부모를 만났다. 유아는 신발을 반대로 신는 경우가 종종 있다. 그럴 때 아이를 바라보는 부모의 반응은 제각각이다. 반대로 신은 것을 보자마자 알아서 고쳐 신겨 주는 부모, 신발을 거꾸로 신었다며 핀잔하는 부모, 아이 스스로 수정할 수 있도록 기다려주는 부모.

부모의 태도를 보면 아이의 행동 유형이 보인다. 부모가 알아서 다 해주는 가정의 아이는 대부분 의존적이다. 비판과 핀잔을 듣는 아이는 부정적이거나 화를 잘 내곤 한다. 반면 아이가 스스로 생각하고 수정하도록 기다려주는 환경에서 자란 아이는 밝고 긍정적이다. 적절한 질문과 함께 부모가 긍정의 언어로 아이의 마음을 읽어주고 격려하는 것은 아이의 주도성을 높이는 방법이다.

에릭슨의 심리사회적 발달단계 중 3단계에 해당하는 유아기의 발달과업은 주도성이다. 아이는 더 많은 일을 할 수 있고, 스스로 하기를 원한다. 이 시기에는 탐색할 수 있는 자유를 허용하고 질문에 충실히 답해줄 때 주도성이 발달한다. 반대로 활동을 제한하고 간섭하고 질문을 귀찮게 여기면 분노와 죄의식이 형성된다. 아이는 수용 욕구가 좌절될 때 분노를 느끼고 공격적으로 변한다. 이것은 자신에 대한 수치심과 공격적 행동에 대한 죄의식을 수반하게 되는데, 결국 자신이 능력 없고 아무런 쓸모없는 존재라는 인식을 내재화하여 자신감을 상실하게 된다. 또한, 영아와 달리 이 시기 유아는 다른 대상과 구분되는 독립된 실체로 자신을 인식한다. 자기 인식을 위해서 인지 발달이 요구되지만, 사회적 경험 또한 매우 중요하다.

어른의 친절한 말 한마디

유아기 아이는 물건을 발로 차고, 정리를 잘 못 하고, 간혹 또래와 싸우기도 한다. 그림책 『에드와르도 세상에서 가장 못된 아이』(존 버닝햄, 비룡소)는 '흔히 볼 수 있는 꼬마'라고 에드와르도를 설명한다. 그런데도 에드와르도가 물건을 발로 차면 세상에서 가장 버릇없는 녀석이라고, 시끄럽게 이야기하면 세상에서 가장 시끄러운 녀석 같다고, 고양이를 쫓는 걸 보면 세상에서 가장 사나운 녀석이라고 어른들은 말한다.

그러던 어느 날 아이가 발로 찬 화분이 흙 위에 떨어진 걸 본 신사가 정원을 가꾸냐고 물으며 다른 식물도 심어보라고 권한다. 신사가 무심결에 한 말에 에드와르도는 식물을 가꾸게 되었고, 제법 잘 기르는 걸 본 어른들은 자신의 정원을 봐달라고 부탁한다. 어느 날 에드와르도가 떠드는 큰 소리에 동물원 사자들이 겁을 먹자 사육사의 요청으로 동물을 봐준다. 그림책은 '에드와르도는 때때로 어수선하고, 사납고, 지저분하고 버릇없이 굴기도 해. 하지만 에드와르도는 세상에서 가장 사랑스러운 아이야'라고 끝난다.

단순해 보이는 이 그림책은 주인공의 심리사회적 모습을 잘 표현하고 있다. 어른의 사소한 한마디가 에드와르도의 행동을 변화시킨 듯 보이지만, 에드와르도의 태도는 늘 한결같다. 한 어른의 친절한 말 한마디, 다르게 보는 시각을 통해 '세상에서 가장 못된 아이'가 갖고 있던 자원―사랑스러움―이 발현된 것이다.

유아기는 언어 능력과 운동 기능이 성숙하면서 주변 환경을 탐색하는 데 매우 공격적이고 힘이 넘친다. 부모와 가족이 유아에게 자유롭게 움직이고 탐구하고 실험할 수 있는 자유를 부여해주면, 아이는 주도성을 가지게 되고 목표 지향적으로 된다.

에릭슨은 활기 넘치는 놀이와 새로운 과제를 습득하려는 노력을 못 하게 하면 유아는 위협받고 혼나고 있다고 느끼기 때문에 죄의식을 갖게 된다고 하였다. 어른이 제재하면 자신감이 무너지고 외부 세계에 대해 두려움을 갖게 된다.

문밖의 동물들

초등학교에서 그림책 수업을 하다 보면 자기 이해의 발달이 각양각색으로 나타나는 걸 볼 수 있다. 그림책 수업 중에 있었던 일이다. 마지막 활동으로 모둠별로 협동 작품을 만들었는데 모든 조가 완성했을 때쯤 한 조의 작품이 와르르 무너져버렸다. 다섯 명 친구들이 보인 반응은 모두 제각각이다. 화를 내며 작품을 발로 차는 아이, 자기 때문이라고 우울해하는 아이, 반응이 없는 아이 등 모두 다른 모습이었다.

이 아이들은 어떻게 일을 해결할까? 궁금해하며 지켜보던 중 한 아이가 무너진 작품을 챙기기 시작했다. 그러고 나서는 친구들을 독려하며 다시 만들기 시작했다. 끝나고 활동 소감을 나눌 때 다시 만들자며 독려했던 아이가 웃는 얼굴로 이야기했다. "선생님, 저희 조가 처음엔 아주 폭망했는데요, 친구들하고 다시 만들었어요. 힘은 들었지만 같이 만들고 나니 기분이 좋아요." 그 말에 미소가 지어졌다. 아마도 그 아이의 양육자는 실패 경험을 믿고 기다려주며 아이 스스로 할 수 있도록 긍정적으로 지지해주었으리라.

그림책 『문밖에 사자가 있다』(윤아해 글, 조원희 그림, 뜨인돌어린이)는 노란 집에 사는 노란 아이와 파란 집에 사는 파란 아이가 집 밖에 사자가 있다며 무서워하는 장면으로 시작된다. '문밖에 사자가 있어. 나는 사자가 무서워' 하며 두 아이 모두 같은 생각을 하지만 책장을 넘기면 아이들의 행동이 달라진다. 노란 아이는 사자가 무서워 나갈 수 없다고 하고, 파란 아이는 무섭지만 나갈 궁리를 한다. 사자의 뾰족한 이빨과 발톱이 무서워 벌벌 떠는 모습으로 그림책 하단에 그려진 노란 아이, 무섭다고 나가지 않으면 아무것도 할 수 없다며 사자의 이빨과 발톱을 연구하고 운동하는 파란 아이.

그림책은 노란 아이와 파란 아이를 각각 한쪽 면에 대비되게 그리고 있지만, 겁에 질린 노란 아이는 넓은 세상이 보고 싶은 파란 아이의 크기에 밀려 점점 작아진다. 결국 파란 아이는 집을 나오게 되고 알록달록한 넓은 세상을 보며 자유를 만끽한다. 여행을 하던 중 파란 아이 앞에 커다란 곰이 나타나지만 아이는 놀라지 않고 눈앞에 닥친 또 다른 문제를 풀어보려 마음을 먹는다. 노란 아이는 사자 때문이라며 끝내 집 밖으로 나가지 못한 채 그림책은 끝난다.

한 어머니에게 이 책을 소개하며 읽어 드리니 눈물을 보였다. 마치 첫째 아이가 노란 아이 같다며, 초등학교 고학년이 된 아이는 스스로 하려 하지 않고 엄마에게 너무 의지하는 것 같다고 말했다 "어떻게 해야 할까요?" 하고 묻던 어머니는 이내 스스로 대답했다. "지금이라도 스스로 할 수 있도록 제가 좀 내려놔야겠어요."

유아기의 네 가지 덕목

에릭슨의 발달단계에서는 각 단계에서 특별한 강점이 발달할 수 있는 새로운 기회를 제공한다. 에릭슨은 이 강점을 기본적 덕목이라고 불렀다. 이러한 덕목은 각 단계에서 위기에 직면하여 만족스럽게 해결되었을 때만 나타난다. 유아기에 나타나는 네 가지 덕목은 '희망' '의지' '목적' '유능성'이다.

희망은 기본적인 신뢰에서 비롯된다. 희망은 바라는 것이 충족될 것이라는 견고한 믿음이다. 즉 일시적인 후퇴나 어려움에도 불구하고 계속 유지되는 자신감이다. 의지는 자율성으로부터 나온다. 의지는 선택의 자유와 자기 통제를 실천하기 위한 거부할 수 없는 확고한 결심이다. 의지는 사회의 규칙을 수용하고 따르기 위해 없어서는 안 될 기본적 요인이다. 목적은 주도성에서 비롯되고 중요한 목표를 계획하고 수행하려는 용기를 수반한다. 마지막으로 유능성은 근면성에서 비롯된다. 장인정신이라고 표현할 수 있는데, 주어진 임무를 수행하고 완성하는 데 기술과 지혜를 동원해 힘쓰는 것을 의미한다. 앞서 언급한 아이는 무너져 내린 작품을 다시 만들 수 있다는 희망과 의지로 친구들을 독려하며 주도적으로 임무를 수행했다.

위 네 가지 덕목을 가지려면 유아기 아이에게 어떤 도움을 주어야 할까? 놀이하는 유아를 방해하지 말고 위험한 물건을 다룰 때는 다치지 않도록 돌봐주어야 한다. 또한 유아가 실패했을 때 실패는 자연스러운 과정이라는 분위기를 조성해 죄의식을 느끼지 않도록 해야 한다. 놀이와 활동의 종류를 선택할 시간과 기회를 주고, 유아가 놀이에 열중할 때는 되도록 방해하지 않으며 유아의 제안을 수용하거나 활용하면서 언제나 긍정적인 표현을 해야 한다.

『문밖에 사자가 있다』그림책 속 파란 아이도 처음 겪는 낯선 상황이 노란 아이처럼 두려웠을 것이다. 하지만 사자에 대한 정보를 스스로 찾고 특징을 분석한 후 용기를 내어 세상에 맞선 것은 스스로 어려움을 극복해본 경험의 결과가 아닐까? 아이가 꽃길만 걷길 바라는 마음에 뭐든 다 해주려 하기보다는 파란 아이처럼 스스로 할 수 있도록 도와주는 것이 유아기 자녀를 둔 부모의 역할이다.

주도성은 어떻게 자라는가

집단상담 프로그램에 참여하는 여섯 살 남자아이 A의 엄마를 상담했다. A는 그 나이 또래의 남자아이가 흔히 그렇듯이 활동적이고 개구쟁이 같은 모습이었다. 어린 시절 부모님과 함께 있는 상황에서 A는 뜨거운 커피에 화상을 입어 손목에 커다란 흉터가 있었다. 그 일로 인해 엄마는 아이를 잘 돌보지 못했다는 죄책감을 갖게 되었고 그런 일이 또 일어날지도 모른다는 두려움이 있다고 했다.

엄마의 내면에 깔린 불안한 마음 때문에 아이의 안전에 대한 염려와 걱정이 가득했다. 엄마는 또다시 사고가 생기지 않도록 아이를 보호해야 한다는 생각을 강박처럼 갖고 있었다.

그로 인해 아이가 호기심을 가지고 탐색 활동을 하려고 하면 무조건 통제하게 된다고 했다.

유아는 탐색과 모험, 놀이를 통한 주도적인 행동으로 문제해결력을 키울 수 있으며 그것이 자신감으로 연결되고 성취감으로 발전할 수 있다. 아이를 잘 키우고 보호하려는 의도와는 다르게 엄마의 태도는 자녀가 발달과업을 성취할 기회를 막고 있었다.

주도성은 문제 해결을 통해 자란다

그림책 『앨피가 일등이에요』(셜리 휴즈, 보림)에서는 모든 것을 스스로 하고 싶어 하는 아이의 마음을 잘 보여준다. 어느 날 주인공 앨피는 엄마와 여동생과 함께 시장에 갔다 돌아오면서 집에 일등으로 도착하고 싶은 마음에 달리기를 시작한다. 현관 앞에 앉아 엄마와 동생을 기다리며 앨피는 이렇게 말한다. "우린 달리기 시합한 거야! 봐, 내가 일등이야." 잠시 후 엄청난 일이 벌어진다.

엄마가 장바구니를 들여놓고 동생을 데리러 계단을 내려간 순간 앨피가 잽싸게 집 안으로 들어가 내가 일등! 을 외치면서 현관문을 쾅 닫아 버린다. 눈 깜빡할 사이 엄마와 동생은 문밖에 있고 앨피와 열쇠는 집 안에 있게 된다. 앨피는 문을 어떻게 여는지 몰랐다. 현관문을 사이에 두고 앨피는 안에서, 엄마는 밖에서 한바탕 소동을 벌인다. 엄마와 우유배달부 아저씨, 맥널리 아줌마, 모린 누나는 앨피를 밖으로 나오게 하기 위한 방법을 찾으려고 애쓴다.

우유배달부 아저씨가 사다리를 타고 화장실 창문을 향해 올라가려는 순간 현관문이 열리고 앨피가 나타난다. 앨피는 모두 들어올 수 있도록 현관문을 끝까지 활짝 열어젖힌다. 스스로 해냈다는 뿌듯한 표정과 자신감에 찬 모습을 보여준다. 한바탕 울음을 터뜨리기도 했지만 의자 위에 올라가 스스로 현관문을 열 수 있게 된 것이다. 문제해결을 통해 주도성을 키우는 모습을 잘 보여준다.

격려가 필요해요

유아의 주도성은 타고난 것이기보다는 훈련이나 경험을 통해 학습되거나 개발될 수 있다. 호기심을 가지고 자발적으로 활동하며 자율성을 경험할 수 있도록 다양한 기회를 제공해 주는 것이 필요하다. 이때 자녀의 선택권을 존중하고 지지하고 격려하는 양육 태도가 자녀의 주도성 발달에 긍정적인 영향을 미친다. 이 시기의 아이는 특히 하지 말아야 할 것과 해도 되는 것 사이에서 갈등을 겪게 되는데, 자녀의 주도성 획득을 위해 자녀가 무언가를 시도하려고 할 때 허용과 통제의 균형을 유지하는 것이 필요하다.

앨피의 하루에서 볼 수 있듯이 유아는 매일 새로운 경험과 도전 속에서 성장한다. 자신이 일등으로 집까지 뛰어가겠다는 목표를 세우고, 의도치 않았던 실수로 인해 난관에 봉착하지만, 그것을 이루어냈을 때 성취감을 느낀다. 이런 일상이 반복되면서 아이는 성장한다. 이때 앨피 엄마나 주변 어른들이 보여준 것처럼 앨피의 실수가 좌절의 경험이 되지 않도록 격려하고 수용하고 도와야 한다.

주도성 연습을 하는 아이의 실수나 잘못에 대해 지나친 질책은 '죄의식'을 갖게 할 수도 있다. 학령 전 아이의 실수나 잘못에 대해서는 "괜찮아, 그럴 수 있어. 잘 안 돼서 속상했구나. 다시 해 볼까?"라며 격려해주어야 한다. 이 시기 아이는 감정에 민감하고 '잘 못하는 것'과 '나쁜 것'을 잘 구분하지 못한다. 부모에게 지나친 질책을 받은 아이는 '나는 나쁜 아이야, 아무것도 못 하는 아이야'라고 자책하며 수동적인 아이가 될 수 있다. 도전하고 넘어지고 또 일어서는 경험을 통해 '넌 더 단단해지고 있어. 너의 건강한 성장을 응원하고 있어'라는 격려의 표현을 해주는 것이 필요하다.

오스트리아의 정신과 의사이자 교육자 드라이커스(Dreikurs)는 "식물에게 물과 태양이 필요하듯 인간에게는 격려가 필요하다"라고 말한다. 칭찬은 잘했을 때 보상을 해주는 것으로 결과에 초점을 맞추는 반면, 격려는 노력과 성장에 초점을 맞추기 때문에 결과보다는 사람에 중점을 둔다. 잘하고 못하고를 떠나 용기를 북돋아주는 것이다. 주도적으로 놀이를 시작하고 탐색하면서 겪는 시행착오가 오히려 아이를 성장시킬 수 있는 바탕이 될 수 있기 때문에 학령 전기는 격려가 필요한 시기로 볼 수 있다.

격려하는 부모와 통제하는 부모

가수 이소은은 열여섯 살에 EBS 창작가요제 참가를 계기로 대중가수가 되었다. <서방님>이라는 노래로 인기를 끌며 주목받다가 20대 중반 미국 로스쿨에 입학해 국제 변호사가 되었다. 현재는 ICC(국제중재법원) 뉴욕지부 부의장으로 활동하고 있다. 언니 이소연 씨는 미 줄리아드 음대에서 8년간 전액 장학금으로 수학했고, 현재는 신시내티 음대 종신교수로 후학을 가르치고 있다.

자매는 자라면서 아빠에게 "잊어버려(forget about it)"라는 말을 제일 많이 들으며 자랐다고 한다. 아빠는 어린 시절부터 두 딸이 좌절할 때마다 중요한 건 결과가 아니라 현재라고 알려주었다고 한다. 이소은이 로스쿨 시절 시험을 망쳐서 좌절해 있을 때 "아빠는 너의 전부를 사랑하지, 네가 잘할 때만 사랑하는 게 아니야"라고 격려했다. 아빠는 강요하지 않았고, 하지 말라고 하지 않았으며 무언가를 하려고 할 때는 오케이, 엄마 아빠가 어떻게 도와주면 될까? 라고 하면서 자녀의 선택을 존중해주었다. 자매를 향한 무한 믿음으로 기다려주고, "네가 있어 아빠는 아무리 어렵고 힘들어도 항상 자신감 넘치게 살아가고 있단다"라는 손편지를 전해주는 부모였다. 부모는 자매에게 안전기지로서 역할을 충분히 해주었고 덕분에 바깥에서 아무리 상처받아도 그 상처가 깊게 남지는 않았다고 한다. 이러한 부모의 양육방식은 자매가 자율적으로 주도적인 삶을 살아갈 수 있는 바탕이 되었다.

나는 4남 4녀 중 막내로 태어났다. 권위적이고 가부장적인 아버지의 양육 방식은 지시적이고 통제적이었다. 여자다우면 안 돼, 감정을 표현하면 안 돼, 순응해야만 해, 착해야 돼, 이런 부모 명령으로 인해 내 감정이나 생각, 욕구를 표현하기 어려운 환경이었다. 칭찬이나 격려보다는 통제하는 환경에서 자라다 보니 늘 '나는 부족한 사람이야'라는 생각에 자존감이 낮을 수밖에 없었다. 내재화된 부모의 명령으로 인해 성인이 되어서도 주도적인 삶을 살아가기가 어려웠다.

가난한 시골에서 형제가 많다 보니 어머니는 막내인 나를 낳지 않으려고 했다는 말을 종종 했다. 엄한 아버지와 어려운 가정 형편으로 힘들었을 어머니를 원망하기보다는 이해하려고 노력했다. 상담 공부를 시작하면서 어머니가 했던 그 말이 어린아이였던 내게 상처가 될 수 있다는 것을 인식하게 되었다. 나는 세상에 존재하지 말아야 할 사람이라는 자기 부정을 늘 마음에 품고 살았다. 그로 인해 순응하는 착한 아이로 희생하면서 내 존재를 인정받으려고 애쓰며 살았던 나를 발견할 수 있었다.

집단상담 프로그램에 참여할 때마다 끊임없이 "나다움을 찾고 싶어요"라고 말하고 있는 나 자신이 이해가 되었다. 미해결된 발달과업을 이루기 위해서일까? 결혼을 하고 아이를 키우면서도 배움의 끈을 놓지 않았다. 아이를 잘 키우고 싶은 마음에 상담 공부를 시작했지만 나를 치유하는 시간이 되었다. 중년이 된 지금은 왕복 6시간을 오가며 가족상담치료 박사과정을 다니고 있다. 어린 시절 존재로서 인정받지 못하고 통제 속에서 나를 잃어버리고 살았던 삶이지만 이제는 상처받은 나를 이해하고 수용할 수 있게 되었고 자기 격려를 하면서 주도적인 삶을 살아가고 있다.

삶을 바꾸는 격려의 힘

격려에는 존재 자체로 인정하고 격려하는 '존재에 대한 격려'와 다양한 문제와 상황에 대해 격려하는 '상황에 대한 격려'가 있다. 그림책 『오늘도 너를 사랑해』(이누이 사에코, 비룡소)는 주도성을 키울 수 있는 격려의 메시지를 잘 보여준다.

뭔가를 잘했을 때도, 잘하지 못했을 때도,
네가 열심히 했다는 사실은 달라지지 않아.
묵묵히 노력한 네가 무척 자랑스러워.
넌 최선을 다한 거야.

너는 참 멋진 아이야. 가끔은 서툴러도 괜찮아.
남들만큼 잘하지 못해도 괜찮아.
네가 오늘도 얼마나 애썼는지 나는 다 알고 있어.
애쓰지 않아도 너는 정말 멋진 아이야.
지금 모습 그대로도 너는 충분히 멋진 아이란다.

우리는 모두 사랑받고 인정받고 싶은 욕구를 가지고 있기 때문에 뭔가를 잘했을 때 괜찮은 사람이라는 생각을 하게 된다. "잘했을 때도 잘하지 못했을 때도 존재 자체로 사랑받고 있다", "지금 그 모습 그대로도 충분히 멋진 아이다"라는 존재에 대한 격려를 받게 된다면 자존감을 높일 수 있고 주도성을 가지게 된다.

실수하면 좀 어때? 괜찮아
그래도 너는 여전히 멋져!
좋아, 좋아.

너는 잘하고 있어.

조금씩 조금씩 자라고 있단다.

격려는 과정에 초점을 맞추기 때문에 과제가 완성되지 않았더라도 상황에 대한 격려를 해줄 수 있다. 최선을 다한 노력에 대해 용기를 북돋아주는 격려를 통해 자신이 결정하고 선택할 수 있는 힘을 가지고 있다는 것을 깨닫게 되며 자신의 강점을 인식할 수 있다. 격려는 긍정의 힘과 용기를 이끌어내는 과정이다. '나는 할 수 없어'라는 인생관을 '나는 할 수 있어'로 바꾸도록 돕는 것이 바로 격려의 힘이다.

근면성 대 열등감
(5세~12세)

◇

나는 생존과 적응에 필요한
기술을 숙달할 수 있는가

아이가 만나는
첫 번째 사회

에릭슨의 발달 이론 중 4단계는 만 5세부터 12세까지의 학령기로 발달과업은 근면함이다. 이 시기 아이는 가족을 벗어나 사회적 관계를 넓히면서 사회에서 생존에 필요한 기초적인 기술을 배워 나간다. 에릭슨은 이 단계가 아이의 근면성을 기르는 결정적인 시기라고 했다. 자신이 속한 환경에서 생산적인 사람이 되기 위한 노력을 통해 형성되는 능력이 바로 근면성이다. 일반적으로 학교에서 배우는 것을 통해서 능력과 기술을 개발하고 주어진 과제를 해내기 위해 노력하면서 근면성이 발달한다. 이 시기에 얻은 근면성은 성인이 되었을 때 자신이 맡은 일에 책임감을 느끼고 열심히 일하는 '과업 성실성'

에 영향을 주기 때문에 매우 중요하다.

또 학령기 아이들은 또래와 자신을 비교하기 시작하고 선생님과 친구들로부터 인정받고 싶어 한다. 주어진 과제를 통해 인정받거나 성취감을 느끼며 자신감을 얻은 경험은 근면성 발달을 돕지만 또래와 비교해서 자신이 부족하다고 느끼거나 친구 관계에 문제가 있는 경우 열등감에 빠지게 된다. 열등감에 빠진 아이는 자신의 부족한 능력에 대해서 몇 마디 비판만 들어도 성공 가능성을 쉽게 포기하거나 또래보다 잘하지 못할 것을 두려워하면서 새로운 시도를 아예 거부하기도 한다.

이처럼 아이의 행동을 주변 사람들이 어떻게 지각하고 반응해 주느냐에 따라 자신감이나 자아존중감이 달라진다. 이는 근면성 발달에 큰 영향을 미치기 때문에 에릭슨은 아이의 재능을 발견하고 격려하는 선생님이나 부모의 태도를 중요하게 생각했다.

내가 잘하는 건 뭘까?

그림책 『내가 잘하는 건 뭘까?』(구스노키 시게노리 글, 이시이 기요타가 그림, 북뱅크)에서 소타는 다가오는 공개 수업에 발표할 '내가 가장 잘하는 것'을 쓰기 위해 다른 친구들과 자신을 비교한다. 소타가 생각하기에 달리기는 가케루가 제일 잘하고 미키는 수학을 잘하고 반에서 가장 힘이 센 친구는 다케다.

선생님은 모두 잘하는 게 하나씩 있다고 했지만, 소타는 자기는 잘하는 게 없는 것만 같다. 소타처럼 학령기 아이들은 '나' 중심에서 주변으로 관심이 넓어지면서 또래와 비교하고 나를 판단하기 시작한다. 이것이 열등감을 자극한다. 따라서 또래와의 비교나 상대평가를 통해 열등감을 느끼지 않도록 부모와 교사가 세심하게 대응해주어야 한다.

소타는 아무리 생각해봐도 잘하는 것이 떠오르지 않자 선생님에게 다른 친구들이 잘하는 것을 하나하나 이야기하면서 "선생님, 저는 잘하는 게 하나도 없어요"라고 말하며 속상해한다. 그러자 선생님은 빙그레 웃으며 "소타가 가장 잘하는 건 친구들이 잘하는 걸 아주 잘 찾아낸다는 거예요" 하고 적어준다. 나만 잘하는 것이 없다는 생각에 눈물이 날 것만 같았던 소타는 선생님의 칭찬으로 인해 금세 자신감을 얻는다.

그림책 속 선생님처럼 아이의 말을 잘 들어주고 관찰해서 아이가 가진 재능이나 장점을 찾아 적극적으로 지원해주면 아이는 자신의 장점과 능력을 인식하게 되면서 자신감이 생긴다. 자신감은 근면성을 발달시키는 중요한 요소 중 하나다. 자신감 있는 아이는 실패를 두려워하지 않고 더 높은 목표를 설정한다. 그것을 달성하기 위해 꾸준히 노력하면서 근면성이 향상된다.

나도 칭찬받고 싶어요

같은 작가의 또 다른 그림책 『혼나지 않게 해주세요』(구스노키 시게노리 글, 이시이 기요타가 그림, 베틀북)의 남자아이는 고개를 푹 숙인 채 "나는 집에서도 학교에서도 만날 혼난다"라고 이야기한다. 회사에서 집에 돌아온 엄마는 동생이 우는 모습을 보고 아이에게 자초지종도 묻지 않고 동생을 울렸다고 혼낸다. 그 장면을 자세히 보면 책상 위에는 종이접기 책이 놓여 있다. 회사에서 늦는 엄마를 대신해 책을 보며 동생이 좋아하는 종이접기를 열심히 해주었지만 잘 안 된 모양이다. 하지만 엄마의 눈에 아이가 한 노력은 보이지 않는다. 울고 있는 동생과 동생을 울린 아이의 모습만 보일 뿐이다. 이런 억울한 상황이 한두 번이 아닌 듯 아이는 엄마에게 말을 하면 엄마가 더 화를 낼 게 뻔하다며 변명조차 하지 않는다. 입을 꾹 다문 채 고개를 돌린 아이를 향한 엄마의 손가락이 참 뾰족해 보인다.

아이 마음속에는 상황마다 이유가 있다. 입 밖으로 뱉지 못한 아이의 말은 그림책에서 괄호로 표현된다. 차마 뱉지 못한 괄호 속의 말, 아이의 마음을 어른들은 읽어주지 못한다. 어른들은 겉으로 드러난 아이의 행동만 보고 부정적인 평가를 쉽게 해버린다. 드러난 결과를 보고 판단하는 일은 누구나 할 수 있지만 엄마만이 해줄 수 있는 일이 있다. 바로 우리 아이를 끝까지 믿어주고 아이의 마음과 의도를 알아봐주는 것이다. 엄마가 아이의 마음을 알아주고 노력한 부분을 칭찬해주면 아이는 자신의 노력을 인정받고 격려받음으로써 더 나은 사람이 되려고 노력하게 된다. 이것이 근면성 향상으로 이어진다.

학교에서도 아이의 진심은 이해받지 못한다. 아이는 친구에게 자기가 잡은 사마귀를 보여주고 싶었고 급식 시간에는 친구가 좋아하는 음식을 많이 떠주고 싶었다. 하지만 자기 생각과는 다르게 친구는 울고, 선생님은 화를 낸다. 왜 울고, 왜 화가 났는지 이유를 알지 못하는 아이는 당황한 표정이다.

심리학자 로저스는 자신이 지각하는 자아와 다른 사람이 자신을 보는 자아의 일치가 중요하다고 언급했다. 두 자아의 모습이 다를수록 불안감을 느끼고 방어적이 되어 다른 사람들에게 적개심을 갖게 된다고 보았다. 따라서 문제가 생겼을 때 판단하기에 앞서 아이에게 상황을 먼저 물어보고 아이의 감정에 공감해주어야 한다. 그런 상황에서 어떻게 하면 좋을지 함께 생각하고 이야기하다 보면 아이는 자아존중감을 손상하지 않으면서 스스로 해결책을 찾아나가고 올바른 행동을 배울 수 있다. 또래와의 접촉을 통해 사회적 가치나 규범을 익히는 중요한 시기에 이러한 피드백은 매우 중요하다.

친구들을 때려 혼났을 때도 마찬가지이다. 학령기에 접어들면서 아동은 집단에 소속되는 것을 무척 중요하게 여긴다. 이 시기 아이들에게 가장 슬픈 일 중 하나는 또래 집단으로부터 무시당하거나 거부당하는 것이다. 그런데 친구들은 규칙도 모르고 멋대로 한다고 아이를 축구에 끼워주지 않았다. 아이는 속으로 생각한다. '쟤들이 먼저 끼워줄 수 없어라고 했어요. 그건 내 마음을 때린 거나 마찬가지라고요.' 하지만 선생님은 상황은 묻지도 않고 "또야?" 하며 때린 아이만 혼낸다. 이번에도 아이는 하고 싶은 말을 눈물과 함께 꾹꾹 삼키고, 삼킨 말은 괄호 속에 담긴다. 이렇게 지속해서 부정적인 평가를 받은 아이는 자신의 노력이 소용없다고 생각하게 되고 노력하고자 하는 동기를 잃게 된다. 점점 더 적절하게 자신의 감정을 표현하지 못하게 되고, 목소리도 내지 않게 된다. 이는 근면성을 저하하는 원인이 된다.

또래 간에 문제가 발생했을 때 함께 문제를 해결하도록 유도하면 아이들은 서로 돕기도 하고, 다른 사람의 의견을 존중하고 공감하는 방법을 배울 수 있다. 이 과정에서 협력, 우정, 집단에 대한 소속감과 같은 다양한 사회적 개념을 배우며 사회성을 발달시킬 수 있다.

초등학교에 입학하고 마냥 신났던 아이는 이제 어떻게 하면 혼나지 않을지를 고민한다. 이처럼 부정적인 상황이 지속되면 '나는 나쁜 아이일까?' 하는 생각까지 하게 되고, 스스로 부정적인 자아 개념을 만들게 된다. 청소년기는 자아 정체성을 확립하는 것이 발달과업인데, 자아 정체성은 청소년기에 갑자기 만들어지는 것이 아니다. 학령기에 쌓였던 것이 청소년기에 개념화되는 것이다.

칠월 칠석, 소원을 적는 시간에 아이는 '내가 정말 바라는 건 뭘까?' 고민하다가 빨리 안 쓴다고 선생님에게 또 혼이 난다. 맨 꼴찌로 적어낸 소원 쪽지를 받아든 선생님과 또 혼날지도 모른다는 생각에 눈을 꼭 감고 있는 아이.

'혼나지 안케 해주새요'

맞춤법도 틀리고 삐뚤빼뚤하지만, 한 글자 한 글자 정성껏 쓴 아이의 소원이 이루어진 걸까? 소원 쪽지를 뚫어져라 보던 선생님은 눈물을 흘리며 정말 좋은 소원이라고 아이를 칭찬해준다. 처음으로 선생님에게 칭찬받은 아이의 놀라움과 행복이 온몸으로 드러난다. 그날 밤, 선생님과 통화를 한 엄마도 그동안 혼내기만 해서 미안하다며 아이를 꼭 안아준다. 부러운 듯 쳐다보는 동생을 이번에는 아이가 안아준다. 하늘만큼 땅만큼 행복하다면서 앞으로 더 착한 아이가 되겠다고 다짐하며 잠든 아이. 처음과는 전혀 다른 모습이다.

일부러 잘못을 저지르고 혼나고 싶은 아이는 없다. 도움이 필요한 아이가 있을 뿐이다. 백 번을 실패해도 한 번의 성공 경험을 통해 아이는 성장한다는 말이 있듯이 이 아이도 앞으로 수많은 시행착오를 거치면서 성장할 것이다. 무수한 실패가 성장의 과정이 될 수 있도록 우리는 포용하고 이해하는 자세로 아이를 응원해주어야 한다.

'부디 우리 어른들이 선입견 없이, 순수한 눈으로 아이들을 바라보면 좋겠습니다. 그래서 그 마음속에 있는 간절한 생각을 알아차렸으면 좋겠습니다.'

그림책을 쓴 작가의 말처럼 아이의 속마음을 알아볼 수 있는 순수한 눈과 아이의 진심을 귀담아들을 수 있는 귀와 아이에게 격려와 칭찬을 해줄 수 있는 입을 가진 어른이 많아지기를 바란다.

허기진
외로움

　엄마와 단둘이 사는 남자아이를 상담한 적이 있다. 아이는 혼자 집에 있는 시간이 많았다. 집에 있는 동안 주로 게임을 했는데, 하루 5시간 이상 게임을 하는 날이 많았다. 게임 외에는 집에서 딱히 할 게 없었다. 한부모 가정이라 엄마는 혼자 일을 하면서 어렵게 아이를 키웠다. 엄마는 아이가 공부는 하지 않고 게임만 하니 화가 나서 잔소리만 하게 된다고 했다. 경제적으로 어려운 상황에서 엄마는 몸도 마음도 지친 상태였고, 아이는 외로웠다.

　그림책 『마음아 살아나라』(고영완 글, 김도아 그림, 노란돼지)에 등장하는 아이도 외롭다. 그림책 속 아이의 마음은 뿌연 하늘처럼 흐리다. 핸드폰에 머리를 박고 게임에서만 재미를 느낀다. 장난감도 시시하고 학교는 지루하고 공부하는 건 귀찮다. 궁금해도 질문은 안 한다. 억지로 해야 하는 발표는 정말 싫어한다. 리코더 연습을 하는데 입술도 숨도 손가락도 마음대로 되지 않는다. 집에 엄마는 없고 언제나 혼자다. '힘들어, 나 힘들다고!' 바쁜 엄마에게 투정하고 싶지만 그럴 수 없다. 아이도 엄마의 힘든 상황을 알고 있기에 투정을 부리지 못한다. 그림책의 아이처럼 상담했던 아이도 집에 혼자 있는 시간이 많아 외로웠으리라.

게임만 하는 아이의 마음

게임만 하는 아이의 심리적 어려움은 무엇일까? 내담자의 인터넷 사용 습관(시간, 게임의 종류)을 살펴보고 마음을 헤아려 보았다. 아이는 게임을 통해 잠시나마 문제를 회피하고 있었다. 게임을 하는 동안 가상공간에서 즐거움과 자유를 느끼며 즉각적인 보상을 얻는다. 실생활에서 자신감이 부족하거나 불안한 아이들이 게임에 집착한다. 부모와 갈등이 잦고, 부모에게 이해받지 못한다고 느낄 때 이에 대한 보상과 탈출구로 게임을 선택한다. 부모와 효율적인 의사소통이 이루어지지 않고 부모-자녀 간 정서적 유대관계가 약할 때 게임중독이 많이 나타난다.

내담자의 엄마에게 『마음아 살아나라』 그림책을 보여주었다. 엄마는 자기 아이와 똑같다며 크게 공감했다. 아이가 혼자 있는 시간에 외로움을 느낀다는 것을 알게 되자 아이에 대한 이해가 높아졌다. 아이의 마음을 알게 된 엄마는 아이를 비난하는 말을 줄이고 대화하는 시간을 늘려갔다. 상담을 통해 아이가 요리를 좋아한다는 것을 알게 되었다. 아이가 좋아하는 요리 활동을 매주 함께했다. 처음엔 쭈뼛쭈뼛하던 아이도 함께하는 시간이 늘어날수록 자신감과 자존감이 높아졌다.

에릭슨의 심리사회적 발달 4단계는 아동기, 학령기다. 이 단계에 아이는 그냥 단순히 해보는 게 아니라 '잘' 하고 싶어 하고 자신이 한 것들에 대해서 인정받기를 원한다. 엄마는 아이가 직접 만든 요리를 맛있게 먹으며 칭찬을 많이 해주었다. 아이와 이야기할 때는 눈을 맞추고, 사랑한다는 말을 자주 해주었다. 엄마가 많은 시간을 함께하지는 못하지만 자신을 사랑한다는 것을 알게 된 아이는 조금씩 마음을 열고 엄마에게 다가가기 시작했다. 엄마에게 칭찬과 관심을 받으며 정서적 유대관계가 좋아지자 게임 시간은 저절로 줄어들었다.

끝까지 지속하는 힘

에릭슨의 심리사회적 발달 이론에서 학령기 아이에게 중요한 발달과업은 근면성이다. 이 시기 아이는 다양한 유형의 학습과제를 익히고 성공 경험을 통해 근면성이 발달하게 된다. 근면성이 발달한 아이는 자신에게 주어진 일을 우선순위에 맞게 효과적으로 해결하는 능력을 갖추게 된다. 또한 학습도 자기 주도적으로 하며 자기 효능감을 느낀다.

학령기 아이는 새로운 것을 학습하는데, 그 과정에 필요한 것이 근면성이다. 학습은 학교에서 하는 공부를 말하기도 하지만 일상에서 배우는 모든 것을 포함한다. 예를 들어 줄넘기, 수영, 자전거 타기도 학습에 해당한다. 학습은 모르는 것을 알아가는 과정이고 안 되는 것을 할 수 있게 되는 과정이다. 학습 과정에서 근면성을 익혀야 하지만, 이는 쉽지 않다. 예를 들어 자전거를 타기로 마음먹는다고 해서 즉시 자전거를 탈 수 있는 것은 아니다. 자전거에 올라타는 것부터가 난관이다. 어찌어찌 올라타더라도 중심을 잡기가 쉽지 않다. 좌우로 흔들거리는 핸들을 꽉 잡고 방향을 조절하며 타기 위해서 여러 차례 넘어짐과 일어섬을 반복해야 한다. 무릎이 까지고 피가 나도 견디는 인내가 필요하다. 이 과정에서 근면성을 습득할 수 있다. 근면성은 끝까지 지속할 수 있는 힘을 말한다. 배우는 과정에서 실수하고 실패해도 중도에 포기하지 않고 끝까지 지속해야 한다. 이러한 과정이 근면성의 뿌리를 깊게 만든다.

여기에 한 가지 더 고려해야 하는 것이 부모의 태도다. 아이의 근면성을 키워주기 위해서는 부모의 기다림이 필요하다. 아이가 한 가지 문제를 끌어안고 씨름하고 있을 때 부모가 어떤 태도로 임하느냐가 근면성을 획득할지 아니면 열등감을 가지게 될지를 결정하는 중요한 요인이다. 근면성을 키우기 위해서는 끝까지 매달려서 해보는 경험이 중요하다. 아이의 속도대로 모르는 것을 알 때까지 끙끙대며 풀어봐야 한다. 부모가 보기에는 아이의 속도가 한없이 느려서 답답하겠지만 기다려주어야 한다. 아이의 행동을 비난하거나 하던 일을 멈추게 한다면 성취하는 경험을 못 한다. 뭐 하나 끝까지 해본 경험이 없게 된다. 그러면 '나는 뭐 하나 제대로 할 수 있는 게 없다'라고 생각한다. 시간이 걸리더라도 아이 스스로 끝까지 해볼 수 있도록 돕는 게 중요하다. 근면성의 완성은 기다림에 있다. 참지 못하고 부모의 속도로 다그치거나 비난하게 되면 미처 끝까지 해보지도 못하고 열등감을 느끼게 된다.

근면성을 키우는 몇 가지 방법

근면성의 적은 열등감이다. 학교에 들어가서 주어진 과제를 해결하지 못했을 때 열등감이 자리 잡는다. 부모나 교사, 또래로부터 받은 부정적인 평가와 피드백이 열등감을 부추긴다. 부모로부터 칭찬과 지지보다는 비난과 핀잔을 주로 듣는다면 자신의 능력에 대한 감각을 상실하고 자신은 무얼 해도 안 되는 사람이라 여겨 무기력해진다. 실패를 두려워하기 때문에 자신이 가진 잠재력을 발휘하지 못한다.

근면성을 키우려면 어떻게 해야 할까?

1. 규칙적으로 생활하기

아이가 스스로 계획을 세우고 시간 관리를 하도록 하되, 일정한 시간에 일어날 수 있도록 한다. 아침에는 부모가 깨워주기보다는 알람시계를 사용해 스스로 일어나게 한다.

2. 생활 시간 명확하게 구분하기

'정해진 시간에 규칙적으로 해야 하는 것'과 '자유롭게 해도 되는 것'을 분명히 구분한다. 예를 들어 규칙적으로 수학 문제집을 풀기로 했다면 정해진 시간에 정해진 분량을 반드시 풀도록 지도한다. 그 외에 자유로운 시간은 원하는 만큼 놀 수 있도록 한다.

3. 양보다 질로 판단하기

'몇 시간 공부했느냐'가 아니라 '어느 정도 공부했는지'가 중요하다. 매일 1시간씩 공부하기가 아니라 오후 5시부터 문제집 20문제 풀기가 더 좋다.

4. 운동 한 가지 정해 꾸준히 하기

줄넘기 300회 하기, 태권도 품새 연습 5번 등 구체적인 계획을 세우고 실천할 필요가 있다. 운동 종목을 선택할 때는 본인이 하고 싶은 것 위주로 하되 함께 상의해서 결정하는 게 좋다.

5. 제한할 것을 정하기

TV 시청, 인터넷 사용, 게임, 스마트폰을 하루에 어느 정도 할 것인지 제한한다. 아이가 약속을 지킬 수 있도록 이용 시간을 체크해주는 앱, 유해 정보를 차단해주는 소프트웨어를 사용한다.

6. 가족이 함께하기

기상 시간을 온 가족이 맞추거나 운동이나 독서 목표를 함께 정해서 어떤 약속을 할지 이야기 나누는 과정에서 동기가 유발되고 가족이 서로 격려할 수 있다.

열등감에 빠지지 않게 하려면

『구룬파 유치원』(니시우치 미나미 글, 호리우치 세이치 그림, 한림)은 격려를 통해 성장하는 이야기를 담은 그림책이다. 오랫동안 외톨이로 외롭게 살아온 아주 커다란 코끼리 구룬파. 너무 외로워서 풀 위를 구르며 울 때마다 굵은 눈물방울이 떨어진다. 다 컸는데 일도 안 하고 더러운 데다 울기만 하는 구룬파가 걱정되어 정글의 친구들이 의기투합한다. 구룬파를 강으로 데리고 가서 깨끗이 씻기자 몰라보게 멋진 모습으로 변한 구룬파는 새로운 모험을 찾아 길을 떠난다. 처음 찾아간 비 아저씨 비스킷 가게에서 구룬파가 만든 비스킷은 너무 크고 비

싸서 팔리지 않는다. 구룬파는 일을 못하게 되고 풀이 죽은 채 커다란 비스킷을 가지고 길을 떠난다. 그 후로도 접시 가게, 구두 가게, 피아노 공장을 전전했지만 구룬파가 만든 것들은 너무 커서 번번이 퇴짜를 맞고 마지막 자동차 공장에서도 쫓겨난다.

구룬파는 어떻게 되었을까? 풀이 죽어 있던 구룬파는 아이가 12명이나 있는 엄마에게 아이들과 놀아달라는 부탁을 받는다. 구룬파가 피아노를 치며 노래를 부르자 아이들이 모여든다. 구룬파는 지금까지 만든 커다란 비스킷, 구두, 접시를 사용해 유치원을 열었다. 구룬파는 마침내 자신이 있어야 할 곳을 찾았다. 이제 더 이상 외롭지 않았다.

자신이 쓸모없는 존재라고 여겨지고 아무도 자신을 알아주지 않아 외로울 때, 주위의 기준과 달라 거부당할 때 사람은 움츠러들고 힘들어한다. 그림책 속 구룬파는 하는 일마다 실패한 것 같아 보여도 자신의 길을 스스로 찾아갔다. 이 책은 반복되는 도전, 물건이 점점 늘어나는 재미, 세상일에 서툰 주인공이 성공해서 행복해지는 결말로 사랑받는 이야기다. 지금은 인정받지 못하고 부족하게 여겨지더라도 자신이 노력한 것은 어떤 일에든 도움이 되니 힘을 내보라고 격려를 보내고 있다. 구룬파는 여러 번 직업을 바꾸기는 했지만 각각의 회사에서 열심히 기술을 익혔다.

부모나 교사는 아동의 근면성을 격려하며 개인차로 인한 열등감을 지니지 않도록 다른 아이와 비교하는 상대적 비교는 삼가야 한다. 학령기 아동은 자연스럽게 비교하고 서열화하는 경험을 하기 때문이다. 학업 성취도와 여러 측면에서 비교와 서열화, 평가는 아이의 열등감을 부추긴다.

아이를 신뢰하면 근면성이 발달한다. 아이의 장점을 부각하는 것이 근면성 획득에 효과적이다. 아이 스스로 현실적인 목표를 세우고 실행할 수 있도록 기회를 주어야 한다. 독립성과 책임감을 가질 수 있도록 충분한 기회를 주며, 실수하더라도 인내심을 갖고 지켜볼 때, 아이는 근면성을 발휘할 수 있을 것이다.

즐겁게 배우며 성장하기

그림책 『끝까지 제대로』(다비드 칼리 글, 안나 아파리시오 카탈라 그림, 나무말미)에 나오는 주인공 카스파는 호기심이 많고 에너지가 왕성하다. 스포츠, 악기, 퍼즐 맞추기, 글쓰기, 그림 그리기 등 다양하게 시도하지만 모두 하루뿐이다. 대단한 수집가가 되어보겠다 꿈꾸지만, 그저 생각에 그친다.

카스파의 엄마는 어느 날 식사를 하고 일어나는 카스파에게 "카스파, 지금까지 무얼 끝까지 제대로 한 적이 있니?"라고 물어보지만 카스파는 관심 없다. 그때 엄마는 바나나 껍질이 놓여 있는 빈 접시를 보고 크게 기뻐하며 이렇게 말한다. "카스파가…… 바나나를 끝까지 먹었어요!!"

그림책의 주인공 카스파는 끝까지 제대로 하는 게 아무것도 없다. 주의력 결핍을 가진 아이가 연상된다. 카스파가 무엇인가를 끝까지 해내지 못하는 것도 문제지만, 그런 카스파를 보는 주변의 부정적인 시선이 더 큰 문제가 되는 상황이다. 하지만 카스파의 엄마는 남들이 보지 못하는 장점을 찾아서 칭찬해준다. 긍정적인 면을 찾고자 노력하면 무엇이든 찾아낼 수 있다. 바나나를 다 먹었다고 칭찬하는 카스파의 엄마처럼.

엄마의 이런 태도는 카스파가 자신에 대해 열등감보다는 긍정적인 이미지를 가질 수 있게 도와준다. 양육자가 '내 아이를 어떻게 생각하느냐'는 '그렇게 성장하게 될 것이다'라는 믿음과도 같다. 부모가 온정적이고 수용적인 태도로 아이의 성취에 격려와 칭찬을 해줄 때, 아이는 좀 더 안정된 정서로 자신이 잘하는 것을 탐색하고 계속 배우려는 자세를 가질 수 있다.

아이가 계획하기 힘들어하거나 무책임해 보이는 행동을 한다면, 아이에게 산만하다는 부정적 피드백을 주기보다는 책임지는 기술을 가르쳐 요령을 터득하도록 도와주는 것이 바람직한 양육 태도이다. 끝까지 해내는 능력을 키워주고 싶다면 쉬운 작업부터 완성하고 성취감을 맛볼 수 있도록 해준다. 허기진 뇌를 채우듯 다양한 활동을 찾는 아이에게는 여러 가지 활동을 제안한 후, 시간을 정해 한 가지를 완성한 다음에 다른 활동으로 넘어가도록 해준다. 걸핏하면 물건을 잃어버린다면, 매번 외출하기 전 일단 멈추고 소지품을 모두 챙겼는지 확인하는 습관을 기본으로 가르친다. 집중하는 능력도 매일 운동하면서 키울 수 있는 근육과도 같아서 연습하면서 조금씩 키워나갈 수 있다.

인정받고 싶은 마음

학령기는 가정의 울타리에서 벗어나 점차 또래와의 관계가 중요해지는 시기이다. 또래집단에서 아이들은 서로 영향을 미치며, 그 속에서 자신이 수용받고 인정받기 위한 노력을 한다.

그림책 『나도 최고가 되고 싶어요』(앨리슨 워치 글, 패트리스 바톤 그림, 책과콩나무)는 아이들은 누구나 인정받고 싶은 마음이 있다는 것을 잘 보여준다. 초등학생인 바이올렛은 반에서 무엇이든 제일 잘한다. 달리기도 제일 빠르고 노래도 가장 높은 목소리로 부르고 꾸미기도 가장 예쁘게 잘한다. 반 아이들 모두 바이올렛이 최고라고 인정하는데, 로지는 바이올렛이 최고라는 그 말이 듣기 싫다.

가정에서 최고라는 이야기를 듣고 자란 아이들은 학교에 들어가면서부터 스스로를 친구들과 비교하면서 다양한 감정을 느끼고 마음이 혼란스러워진다. 자신이 최고라고 여기다가 그 자리를 빼앗기면 질투심이 생겨날 수 있다. 분노나 슬픈 감정은 표현하기 쉽다. 하지만 질투한다는 감정은 자연스러운 감정임에도 내가 남보다 부족하다는 걸 인정하는 것 같아 표현하기가 쉽지 않다.

어느 날 로지의 반 아이들은 완두콩을 각자의 화분에 심어서 키우게 된다. 로지는 잘 자라나고 있는 자신의 새싹이 마냥 자랑스럽다가도, 옆에 더 크게 자라고 있는 바이올렛의 새싹을 보니 질투심이 생겨 바이올렛의 새싹을 흙으로 덮어버린다. 로지는 아주 잠깐은 기분이 좋았지만, 이내 마음에 찔려 불편해진다.

로지가 느끼는 질투는 비판하고 야단을 칠 문제가 아니다. 수용해주고 긍정적으로 해결할 수 있도록 돌보아주어야 할 감정이다. 자신이 가진 것을 빼앗길지도 모른다는 두려움에서 생겨나는 감정이기도 하다. 잘 들여다보면 나도 잘해서 인정받고 싶은 마음에서 올라오는 것일 수 있다.

배가 고프면 음식을 먹어 욕구를 해소하듯이, 누군가를 부러워하는 심리적 부족함을 느낀다면 채우기 위한 노력을 하면 된다. 바이올렛이 아파서 당분간 학교를 나오지 못한다는 이야기를 듣게 된 로지는 자기 화분과 바이올렛의 화분을 2주 동안 아주 정성껏 돌본다. 매일 아침 일찍 학교에 와서 화분 두 개를 정성껏 보살폈다. 화분에 물을 주고, 다정하고 나지막한 목소리로 노래도 불러주었다. 햇빛을 듬뿍 받도록 자리를 옮겨주는 것도 잊지 않았다. 필요한 것을 메모해두고 표로 만들어 표시하기도 했다. 정성을 들인 만큼 로지가 키운 완두콩이 최고로 높이 자란다. 선생님은 "지금껏 본 사람 중에 로지가 최고의 원예사"라고 칭찬해주었고 선생님과 로지는 서로 바라보며 활짝 웃는다. 끈기 있게 노력한 것에 대한 보상과 성취감을 느끼는 순간이다. 이처럼 노력에 대한 성공과 칭찬 경험은 앞으로도 열심히 해보려는 의욕과 태도를 지속시켜 줄 것이다.

너도 나도 행복하기

교실에서 조용하게 지내서 별문제가 없어 보이는 아이들 중에 학교에서 시행하는 정서·행동 진단검사에서 문제가 있는 것으로 드러나 상담실로 오는 경우가 종종 있다. 이런 아이들은 대개 수업 시간에 집중하지 못하고 무기력한 모습을 보이는 경우가 많다. 학업을 성실하게 수행하거나 또래와의 관계가 좋으면 학교생활을 즐길 수 있지만, 공부도 쉽지 않고 또래와 잘 어울리지도 못한다면 학교에 다니는 게 즐겁지 않다.

지금은 세상이 변하고 있고 다양성을 추구하는 사회임에도 불구하고, 나와 비슷하게 80~90년대 학창 시절을 보낸 엄마들은 학생이라면 '공부를 열심히 해야 한다'라는 사고에서 벗어나기가 쉽지 않다. 부모의 불안감은 공부에 대한 강요와 집착으로 이어지기 쉽다. 아직 어리니까 무한한 가능성이 있다는 생각에 많은 것을 주입한다. 부모의 강요에 의한 공부는 초등 고학년이 되면서 점점 버거워지고 흥미를 잃게 된다. 친구들과 함께 뛰놀며 상호작용하는 경험이 부족한 경우, 친구와도 잘 어울리지 못해 소외감을 느끼고 일상생활에서 무기력해질 수 있다.

엄마표 공부에 성공하려면

딸아이를 어릴 적부터 엄마표로 공부시켰다. 4학년쯤 되니 아이가 예민해지면서 공부하는 시간과 일상이 구분되지 않고, 나도 엄마 역할에 어려움이 생길 것 같아 직접 가르치기를 계속해야 할지 고민이 되었다. 때마침 다니던 학원을 그만두고 다른 곳으로 옮기려는 딸아이 친구가 있어 딸아이와 함께 공부를 가르치게 되었다. 그 아이의 엄마는 아이가 또래보다 학업이 뒤처진다는 생각에 불안감이 컸다. 아이는 학원을 매일 두세 군데 다니고 있었고, 엄마의 불안이 느껴졌는지 무언가를 하고 나서는 엄마의 눈치를 살피거나 맞는 답을 찾기에 급급해하는 모습을 보였다.

함께 공부를 시작하면서 자기가 해야 하는 학습량을 충실히 하도록 하고, 마친 후에 보상으로 놀이 시간을 가지는 것을 규칙으로 만들었다. 그 친구를 위한 학습전략은 이러했다. 학원에서 보여주기식으로 사용하고 있던 어려운 교재를 그만두고 쉽게 풀 수 있는 수준의 교재를 사용하여 아이가 성취감을 느낄 수 있도록 했다. 진도를 빨리 나가기보다는 틀린 것을 확인하고 반복해서 익히도록 했다. 새로운 걸 알아가는 재미를 느끼도록 한 후 다음 진도를 나갔다. 무엇보다 소소한 이야기도 귀 기울여 들어주고 혼자 문제 풀이를 해내면 아낌없이 칭찬했다. 딸은 상대적으로 학습 속도가 빨랐다. 딸아이에게는 새로운 것을 배우는 것보다 매일 정해진 시간에 학습하는 행동 습관을 만들어주는 것이 더 큰 목적이었다. 아이들에게 매번 과제를 주고 충실하게 피드백을 해주었다.

같이 공부하니 좋은 점이 많았다. 정해진 시간에 마치기 위해 공부하는 동안 집중했고, 어려운 문제를 같이 생각하고 해결하니 훨씬 수월하고 즐겁다고 했다. 가끔 자신이 알고 있는 내용을 친구에게 설명하면서 좀 더 지식을 단단하게 다져갔다.

물론 초반에 내가 한 아이에게 관심을 더 쏟거나 공부 결과에서 차이가 나면, 아이들의 질투 감정이 올라와 긴장감이 흐를 때도 있었다. 천천히 학습을 따라오고 있는 딸아이 친구가 혹 주눅이 드는 건 아닐까 하는 마음에 칭찬과 격려를 자주 했다. 아이 친구는 부족한 공부를 뒤쫓아가고 싶은 마음에 더 분발했고, 딸아이는 성실하게 과제를 해오는 친구를 보면서 자극을 받아 꼬박꼬박 과제를 수행했다. 두 아이 모두 스스로 해낸 뒤 충분히 칭찬을 받고, 열심히 한 뒤에 함께 놀 수 있으니 즐겁게 공부했다.

일 년이 채 되지 않아 딸아이 친구 성적이 만족할 정도로 향상되었다. 높은 성적표를 받은 이후, 아이가 자신감 있고 적극적으로 바뀌는 모습이 확연하게 보였다. 스스로 계획하고 공부하려는 태도, 만나서 놀더라도 해야 할 일을 한 후 놀자며 시간 관리를 하는 모습이 대견하고 뿌듯했다. 시간이 흐를수록 아이들 공부에서 나의 개입과 역할은 줄어들고 있다.

딸아이 친구 엄마가 고맙다는 인사를 하며 어떻게 학습 태도를 잡아주었는지 물었다. 아이들이 꾸준히 공부한 것이 가장 큰 요인이었다. 내가 한 일은 아이들이 함께하면서 지치지 않고 시너지를 낼 수 있도록 그리고 스스로 하도록 기다려주고 칭찬해준 것이 전부였다.

공부가 즐거워야 하는 이유

누구나 하는 일이 힘들어 그만두고 싶어질 때가 있다. 이때 멈추지 않고 꾸준히 나아가는 사람과 포기해버리는 사람의 차이는 무엇일까. 목표를 달성하기 위해 자신의 생각과 행동을 관리하는 자기조절 이론을 연구한 마리 헤니케 교수는 결과에 대해 긍정적인 기대를 하며 자신의 정서를 조절하는 능력이 그 차이를 만들어낸다고 설명한다. 시험공부처럼 오래

하면 지치기 쉽고 끈기가 필요한 일을 할 때, 힘든 일 뒤에 칭찬, 상, 달콤한 휴식 등 행복한 보상이 올 것이라는 상상을 하며 일에 동기를 부여하는 것이다. 즉 스스로 정서적 즐거움을 찾은 후에야 충동적인 정서나 행동 표출이 아닌 이성적 판단과 행동을 할 수 있다는 말이다.

이런 이유로 아이가 공부에 열중하려면 즐거워야 한다. 정서적으로 안정이 될 때 집중력과 노력을 보일 수 있고 과제에 도전하기도 쉽다. 목표한 것을 성취하게 되면 자신감이 생기고 또다시 그 경험을 하고 싶어 도전하고 노력하게 된다. 반복되는 이런 행동은 자연스럽게 습관으로 만들어진다. 장기간 해야 하는 공부에 있어서 지능과는 별개로, 끈기를 가지고 열심히 해나가는 능력인 근면성이 아주 중요하다.

아이의 장점을 발견해주고 격려와 지지를 해주어, 즐겁게 배워나갈 수 있도록 도와주자. 노력에 대한 인정은 근면성을 키워주고 자신감을 갖고 두려움 없이 새로운 도전을 할 수 있게 해준다. 또한 자신에 대해 유능감을 갖게 되는 발판이 될 것이다.

자아 정체감 대 정체감 혼미
(13세~19세)

◇

나는 누구이고,
어떤 성인이 될 것인가

가면을 쓰고

 신학기 어느 날, 아이의 담임 선생님에게서 전화를 받았다. 학기 초에 학교 적응 정도 및 아이들의 생활 전반을 살펴보기 위해 정서 검사를 했다고 한다. 검사 결과에서 좀 염려스러운 부분이 있었나 보다. 친구들의 시선에서 불편함을 느꼈던 아이는 수업 시간에도 자주 복도에 나가 있고, 숨쉬기가 힘들다는 표현을 했다고 한다. 잔뜩 긴장해서 학교로 갔는데, 아이에게 들은 얘기는 학교생활의 어려움, 친구들과의 관계에서 생기는 문제 등등 흔히 있을 법한, 누구나 한 번쯤은 고민해 봤을 문제들이었다.
 신학기 학교와 가정에서 제1 관심사, 키워드는 '적응'이 아닌가 생각한다. 학기 초 아이들은 새로운 선생님을 만나 새로운 친구와 적응해야 한다. 초등학생부터 중고등학생, 심지어 대학생에 이르기까지. 성인이 되어서는 회사생활을 시작할 때, 이직할 때도 '적응'이라는 과제를 떠안게 된다.

인생의 전환점 '위기'

에릭슨은 인간의 성격은 평생을 통해 발달한다고 강조하며, 심리사회적 발달의 각 단계에는 위기(갈등 상황)가 발생한다고 했다. 여덟 단계마다 개인의 생리적 성숙과 사회적 요구로부터 발생하는 인생의 전환점을 위기라 한다. 새 학기를 시작하는 아이는 물론이고 졸업을 앞두고 취업을 준비하는 취준생도, 이직으로 새로운 환경에 적응하려 노력하는 성인도 긴장감과 불안으로 부적응을 겪는다. 결혼생활은 어떤가? 각자 다르게 살아온 두 사람이 만나 적응해야 하고, 두 사람이 경험했던 환경과 문화의 차이에서 비롯되는 위기와 갈등도 만만치 않다. 성인도 이러한데, 정체성을 찾아가는 질풍노도의 시기인 청소년기에는 적응과 위기의 문제로 더욱 힘들다.

에릭슨은 위기를 재앙의 조짐이 아니라, 개인의 발달 과정에서 겪는 어려운 상황에서 극복해야 할 생존을 위한 원천이라고 본다. 개인은 각 단계의 위기에 적응하는 방식과 부적응 방식으로 반응할 수 있다고 보았다. 에릭슨 역시 인생 초기에 여러 위기를 겪으며 성장했다. 독일에서 태어났지만, 부모는 덴마크인이다. 이후 부모님은 이혼하고, 어머니가 재혼하게 되는데 계부는 유대인이다. 독일에서 태어난, 덴마크인 부모를 닮은 외모에, 유대인 아버지의 성을 갖게 된 에릭슨이 '정체감 위기'에 대해 고민한 것은 너무나 당연한 일이다.

몇 년 전 방영된 드라마 〈미스터 션샤인〉의 주인공 '유진 초이'는 조선에서 태어난 조선인이다. 노비 신분으로 미국으로 도망간 후, 미국 군인이 되어 조선으로 돌아온다. 그런 그에게 조선은 이방인이라 하고, 미국은 조선인이라며 이방인 취급한다. 신분, 역할로서의 정체성은 또 어떤가? 미국 군복을 입고 미국 말을 유창하게 하는 그를 '노비'라고 생각하지 못하던 사람들이 그가 노비라는 것을 알았을 때 혼란스러워하고 당황스러워하는 반응. 그 반응을 예상했음에도, 마음에 품었던 이가 보인 표정과 눈빛을 보니 마음이 아프다고 말한다.

'조국을 위한 삶을 살 것인가? 나 개인의 행복을 추구할 것인가?' 하는 거창한 문제가 아니더라도, '나는 누구인가? 어떻게 살 것인가?' 하는 문제는 평생의 과제로 계속 고민하고 답을 찾아야 할 질문이다.

정체성 고민이 본격적으로 시작되는 시기

나와 진로상담을 했던 고1 학생이 있었다. 과학, 수학 성적이 꽤 좋아 이과 계열로 목표를 잡고 공부하던 아이가 미술을 하고 싶다고 선언했다. 중3 때도 이 얘기를 해서 잘 설득하고 지나왔다고 생각했는데 다시 진로를 고민하는 아이를 보며 부모는 어찌 해야 할지 모르겠다며 도움을 청해 왔다. 아이와 상담을 한 후, 부모와 나눈 이야기는 이랬다. 40대 후반, 50대인 우리 세대에는 없었던 단어, '취준생(취업준비생)'이라는 말이 요즘은 아주 흔하게 쓰인다. 대학 졸업 후, 취업이 그만큼 어렵기에 생긴 말일 것이다. 아이가 취준생 시기를 보낼 때, 본인이 정말 원했던 공부를 하고 그 시기를 겪는 것과 성적에 맞춰서 또는 부모의 요구나 희망에 맞춰서 대학 진학을 하고 그 시기를 보내는 것 중, 어느 쪽이 아이가 더 행복하고 충실할 수 있을 것 같은가 물었다.

그리고 결론을 내리기에 앞서 아이가 하는 말을 편견 없이 경청해달라고 요청했다. 아이가 한때 즉흥적인 관심으로 하는 말인지, 현실적인 고민이 바탕이 되었는지 진지하게 이야기를 나눠보아야 할 것이다. 세상 경험이 많고 정보도 많은 부모 입장에서 아이가 스스로 진로를 결정하도록 맡겨두는 일은 쉽지 않을 것이다. 하지만 세상은 너무나 빠르게 변하고 있다. 10년 후 어떤 세상이 될지 아무도 모른다. 다만 지식을 많이 알고 있는 사람이 유리한 세상이 아니라는 것만은 확실하다. 아이와 충분히 대화를 하고 나서 응원을 하기로 마음먹었다면, 응원과 지지에 머무르지 말고 목표를 이루기 위해 어떤 준비를 해야 하는지 같이 알아보는 것-각 학교의 조건, 실질적인 입시를 위한 준비- 또한 방법이 될 수 있다.

잘하는 것과 원하는 것 사이에서 고민할 때, 정체성은 중요한 키워드가 된다. 청소년기에 중대한 선택 앞에서 스스로 결정을 내리는 경험을 해본다는 것은 자신에 대한 탐색과 점검을 통해, 나의 가능성을 진지하게 생각해본다는 것이다.

대학 진학, 취업, 결혼, 출산과 육아, 그 모든 과정이 '나는 누구인가?'라는 근본적인 질문에 답을 찾아가는 여정이다. '자아 정체감' 형성은 일생을 통해 이루어진다. 청소년기 진로와 입시에 대한 고민이 그 시작이다. 이 위기를 어떻게 잘 극복해갈 것인지, 어떤 답을 찾아갈 것인지는 매우 중요한 발달과업이다.

쓸 만하니까 쓰는 가면

담임 선생님 전화를 받고 아이 학교를 다녀온 날은 마침 초등학교 집단상담을 다녀온 날이었다. 내가 만났던 초등학생들 이야기를 꺼내며 자연스럽게 학기 초에 겪는 스트레스와 적응에 대해 딸에게 물었다. 아이는 자기 기분과 다르게 가면을 쓰고 있는 게 너무 힘들어서 혼자 있고 싶을 때가 많다고 했다. 딸의 말을 듣고 떠오른 그림책이 있었다. 딸도 아는 그림책이라 얘기 나누기가 수월했다.

"치킨 마스크 기억나?"

"응."

"여러 마스크를 써보던 치킨 마스크가 고민했던 순간 생각나?"

"응."

"네가 지금 그걸 하고 있는 것 같아. 엄청나게 성숙한 생각을 하고 있는 거야. 엄마는 진짜 대견하다는 생각이 들어."

사람들은 저마다 재능이 담긴 그릇이 있는데, '치킨 마스크'는 '내 그릇은 텅 비었다'라고 생각한다. 아무것도 없다며, '나는 왜 나로 태어났을까?'라는 질문을 한다. 올빼미 마스크처럼 계산을 빨리 하지도 못하고, 글씨도 지렁이가 기어가는 것처럼 써서 글씨 쓰기도 싫어한다. 만들기도 엉망이어서 늘 하다가 말고, 체육도 못해서 자신과 같은 편이 되는 걸 친구들이 다 싫어할 거라고 생각한다. 음악은 딱 질색이다. 치킨 마스크는 자신을 뒤처진 아이, 방해만 되는 아이라고 여긴다. 치킨 마스크는 '나 같은 애는 없는 게 나아'라며 자신의 비밀 장소인 운동장 구석 동산으로 간다. 꽃에게 물을 주며 '후유-' 하고 마음을 가라앉힌다. 바람이 산들산들 불어 오니 기분이 좋다. 치킨 마스크는 이런저런 생각에 빠져든다.

내가 없어져서 다들 좋아하고 있을까?

내가 없어진 줄도 모르겠지.

이런 나라도 필요하다는 사람이 있을까?

내가 내가 아니라면 얼마나 좋을까.

-『치킨 마스크』(우쓰기 미호, 책읽는곰)

그러다 우연히 친구들의 마스크를 발견하고, 조금 겁이 났지만 마스크를 써본다. 다시 태어날 수 있는 기회인지도 모르기에. 올빼미 마스크는 풀리지 않던 문제를 풀 수 있게 해주고, 공부를 잘하는 것, 안다는 것의 즐거움을 발견하게 해준다. 햄스터 마스크는 거짓말처럼 근사한 작품을 만들 수 있게 해줬다. 장수풍뎅이 마스크도 대단하다. 아주 커다랗고 무거운 통나무도 번쩍 들어 올릴 수 있었다. 개구리 마스크가 아니었다면 노래하는 게 이렇게 즐거운 줄 몰랐을 거다. 해달 마스크는 멋쟁이가 되는 기분을 알게 해주고, 토끼 마스크를 썼더니 성실하다며 모두에게 칭찬을 듣는다. 이거나 저거나 굉장한 마스크라고 생각하지만, 치킨 마스크의 머릿속은 엉망진창이 돼버렸다. 즐거워할 줄 알았던 치킨 마스크가 고민에 빠지며 스스로 질문을 던지는 장면이 바로 이어진다. 전반적으로 화려한 색으로 표현된 다른 페이지와는 달리, 이 부분은 흑백의 그림자처럼 표현이 되어 있어 오히려 더 강렬하게 기억에 남았던 장면이다.

나는 머리 좋은 사람이 되고 싶은 걸까?
운동을 잘하는 사람이 되고 싶은 걸까?
만들기를 잘하는 사람이 되고 싶은 걸까?
나는 도대체 뭐가 되고 싶은 걸까?

이런 질문과 고민을 할 수 있는 치킨 마스크이기에 머릿속이 엉망이 되었으리라. 그냥, 멋진 남의 인생처럼 나도 그리 살아야지, 따라 해봐야지, 부모님이 바라는 대로 해야지, 라는 생각을 하고 있었다면 이거나 저거나 굉장한 마스크라고 감탄하며 흉내 내는 인생을 선택했을지도 모르겠다.

그림책에 대해 딸과 이야기를 나누면서 이 지점이라고 말해주었다. 관계를 위한 가면(마스크)을 쓰고 있지만, 너 자신에 대한 고민을 하고 있는 거라고! 어른들도 때와 상대에 따라 필요 때문에 다른 가면을 쓸 때가 있다고! 쓸 만하니까 쓰고 있는 가면, 페르소나. 한국 융 연구원장 이부영은 『자기와 자기실현』에서 가면을 썼는지 안 썼는지가 중요한 것이 아니라 썼다는 걸 자신이 아는 것, 의식하는 것, 왜 썼는지를 아는 것이 중요하다고 말한다. 페르소나는 자기실현을 위해서 버려야 하는 것이 아니라, 필요한 것이라고. 필요할 때 써도 좋은 감투 같은 것, 다만 그것이 나의 본질이 아니라는 점을 확실히 의식할 필요가 있음을 이부영 원장은 강조한다. 가면을 쓰고 있는 자신을 너무도 의식하는 딸. 그래서 힘든 거지만, 의식하고 있기에 성숙해가는 과정이라고 말해주었다. 그게 딱!! 그 나이에 해야 할 정체성에 대한 고민이라서 딸이 대견했다.

진짜 내 소원을 안다는 것

그림책 『진짜 내 소원』(이선미, 글로연)에는 호리병을 발견한 소년이 호리병을 만지자, 소원을 들어준다며 '지니'가 나온다. 우리에게 익숙한 이야기, 소원을 들어주는 그 지니 말이다. 소년은 그리 오래, 깊이 고민하지 않고 거침없이 "음, 공부 잘하게 해줘"라고 첫 번째 소원을 말한다. 그런데 1등 왕관을 쓰게 되는 사람은 소년이 아니라, 엄마다. 자신의 소원이라고 말했지만, 소년의 소원이 아니었던 거다. 두 번째는 무릎을 꿇고 두 손을 모아 제법 진지하게 소원을 빈다. "돈을 많이 벌게 해줘." 새 차가 생겨 기분 좋게 웃는 사람은 이번에도 소년이 아니라, 아빠다. 이제 한 번밖에 남지 않은 기회를 소년은 잘 쓸 수 있을까? 자신의 소원을 제대로 찾을 수 있을까? 첫 번째, 두 번째 모두 내가 아닌, 엄마 아빠에게 소년의 소원이 가 닿은 것을 보면, 평소 소년은 자신에 대해 탐색하고 점검할 기회를 갖지 못했으리라. 마지막 기회, 한 번밖에 남지 않은 기회,

"진짜 네 소원"이 뭔지 잘 생각해보라는 지니에게 어떻게 그걸 알 수 있냐고 소년은 묻는다.

청소년기 아이들에게 정체성이라는 말은 추상적이고 막연할 수 있다. 막연하고 불투명하기에 불안을 느낄 수밖에 없을 것이다. 청소년기의 방황과 고민, 위기에 아이들이 찾아야 할 답과 선택 앞에 치킨 마스크처럼 스스로 물을 힘, 탐색을 위한 질문을 할 수 있는 힘이 필요할 것이다. 『진짜 내 소원』의 지니는 소년에게 묻는다.

"꽃을 좋아하니, 어떤 꽃이 제일 좋아?"

"네가 가장 좋아하는 색깔은 뭐야?"

"너를 기분 좋게 하는 음악은 찾았니?"

그리고 귀한 말도 해준다. 때론 싫어하는 그 무엇을 아는 것도 중요하다고. 좋아하는 것과 원하는 것을 찾는다고 해서, 좋아하는 것과 원하는 것만 할 수 있는 건 아니라고. 싫어하는 것이 무엇인지 알고, 싫어하는 것을 해야 하는 때도 있음을 배워야 한다고. 이런 생각을 해본 적 없는 소년은, 나에 대해 알려면 오랜 시간이 필요할 것 같다며 세 번째 소원은 1년 뒤에 말하겠다고 대답한다. 1년 뒤, 진짜 내 소원은 이렇게나 많다며, 종이에 99개의 소원을 빼곡히 적고 100번째 소원을 생각하는 소년의 모습으로 그림책은 끝난다.

책의 앞 면지에서 무채색이던 호리병이 마지막 뒤 면지에서는 컬러가 있는 호리병으로 변해 있다. 마치 소년이 자신의 색깔을 찾아가는 여정을 보여주듯.

매우 불안하고 어려운 과업

인생에는 각 발달 단계마다 이루어야 할 발달과업이 있는데, 5단계 청소년기에 이뤄야 할 발달과업은 정체성이다. 에릭슨의 심리사회적 발달 이론 중 주요 개념이 바로 자아 정체감의 발달이다. 각 단계의 발달과업이 그 단계의 발달과업인 반면, 5단계 청소년기의 발달과업인 자아 정체성은 평생을 통해 각 단계의 위기를 성공적으로 해결해야 확립할 수 있다고 에릭슨은 주장했다. 청소년기는 자신의 기본적인 자아 정체성에 대해 『치킨 마스크』와 『진짜 내 소원』의 소년처럼 의문을 품고 깊은 고민과 탐색을 하는 시기라는 점에서 에릭슨은 이 시기를 특히 강조했다.

청소년기의 고민과 탐색을 위해 양육자 역시 질문을 던지고 자녀와 많은 대화를 나눠야 한다. 사춘기 동안 급격한 신체적 변화와 성적 성숙을 겪으면서 달라지는 자신의 몸에 적응하기 어려우므로, 청소년기 아이들이 느끼는 기본적 정서는 불안이다. 신체적으로는 성인의 몸에 가까운 변화를 보이고 그에 알맞은 책임이나 행동이 요구된다. 정서적으로는 완전히 독립된 존재가 아니므로, 학생으로서 하는 고민이 늘 따라

다닌다. 학생이니 공부해야 하고, 성적으로 줄을 세우는 분위기에서 진학에 대한 고민 등 '어떤 길로 가야 할 것인가?'라는 기로에 서 있는 시기이다.

양육 환경과 교육 등의 영향으로 개인은 이미 '나'에 대해 자의든 타의든 정립된 정체성이 있기 마련이다. 새롭게 자신의 정체감을 재수립한다는 것은 절대 쉬운 일이 아니다. 불안하고, 혼란스럽고, 매우 어려운 과업이다. 자신을 알고 정체성을 형성하려면 '현실'이 무엇인지, '현실의 나'와 되고 싶은 '이상의 나'를 구별할 수 있어야 한다. 『진짜 내 소원』의 소년처럼 부모님의 생각을 내 생각으로 착각하는 것이 아니라, 나는 누구인지, 내가 무엇을 느끼는지 계속 찾아 나아가야 한다.

이 시기에 나에 대해 진지하게 고민하고 질문하며 분명한 정체감을 형성한 사람은 성숙한 관계 맺기를 하고, 성인이 되어서도 정서적으로 안정되고 건강하고 만족스러운 삶을 살 수 있을 것이다. 자신의 색을 찾아가는 여정, 나를 찾아가는 길에 양육자가 '지니'처럼 다양한 질문을 할 때, 청소년 자녀는 더 깊은 탐색과 고민의 시간을 갖게 되리라.

청소년기 자녀를 대하는
가장 좋은 태도

청소년기에 자아 정체성을 확립하지 못한 탓에 청년이 되어서 힘들어하는 내담자를 만났다. 내담자의 엄마는 헬리콥터 부모였다. 헬리콥터 부모란 자녀의 주위를 헬리콥터처럼 온종일 뱅뱅 맴돌며 지나치게 걱정하고 간섭하고 챙겨주는 부모를 말한다. 예전에는 주로 초등학생 자녀를 위해 숙제를 대신 해주거나 친구를 혼내주는 일을 나서서 해결해주는 식이었는데, 이젠 성인이 된 자녀의 일거수일투족을 참견하며 과잉보호하는 데까지 확대되었다. 내담자는 엄마가 만나라는 친구만 만나고 엄마가 정해준 학원에 가고 대학까지 왔다. 엄마가 선택하고 결정해서 하라는 대로 지금까지 살아왔는데 그런 엄마가 6개월 만에 갑자기 병으로 돌아가셨단다. 엄마의 말만 따르며 살아왔을 뿐 자신이 스스로 선택하고 결정을 내려본 적이 없는 내담자는 혼란에 빠졌다. 내담자는 자신에 관한 질문, 자신에 대한 통찰과 자아를 찾기 위한 기회를 갖지 못해 자율성과 독립성, 자아 정체성을 형성할 수 없었다.

에릭슨은 청소년기 발달과업인 자아 정체감의 중요성을 강조했다. 청년기에 제기되는 '나는 누구인가? 무엇을 할 것인가? 미래의 나는 어떻게 될 것인가?' 등의 자문은 자아 정체감을 형성하기 위한 과정이다. 자아 정체감은 일생을 통해 이루어져야 하는 중요한 과제이다. 정체감이 발달하기 위해선 끊임없는 자기 탐색을 통해 정체성을 확고히 다지는 노력이 필요하다.

자아 정체감의 네 가지 범주

에릭슨 이론을 발전시켜 정체성 지위를 연구한 마샤(Marcia)는 에릭슨의 자아 정체감 형성에 대한 이론을 확장했다. "정체성 위기 경험 여부"와 "과업에 대한 전념"이라는 두 가지 기준에 따라 자아 정체감을 정체감 혼미, 정체감 유실, 정체감 유예, 정체감 성취, 이렇게 네 가지로 분류했다.

정체감 혼미는 위기를 경험하지 않고 직업이나 이념 선택에 대한 의사결정을 하지 않았을 뿐 아니라 이러한 문제에 관심도 없는 상태이다. 이 상태의 청소년은 부모와의 애착 관계가 안정적으로 형성되지 못했거나 부모로부터 거부당했다고 느끼는 경우가 많고, 자아 존중감이 낮으며 혼돈과 공허감에 빠져 있다. 정체감 탐색 과정의 가장 낮은 단계에 속하며 방치해두면 부정적 정체감으로 전개될 위험이 있다. 정체감이 혼미한 사람은 모든 것을 운명에 맡기고 "어떻게 되든 상관없다"라는 태도로 다른 사람이 하는 것을 그저 따라 한다. 미래에 대한 아무런 꿈도 갖지 못하고 약물 남용에 빠지기도 한다.

정체감 유실은 스스로 심각하게 생각하거나 의문을 품지 않고 타인의 가치를 받아들이는 상태이다. 사회적 인정 욕구가 강하고, 부모와 긴밀한 관계를 유지하기 때문에 부모에게 영향을 받은 가치에 따라 인생의 방향을 결정하게 된다. 매우 안정적으로 청소년기를 보내는 것 같으나 성인이 되어 뒤늦게 정체성 위기를 경험하는 경우도 있다. 한 젊은이에게 장래 희망을 물었더니 치과의사라고 답했고 그 이유가 "아버지가 치과의사이기 때문"이라고 대답했다. 앞에서 엄마가 갑자기 돌아가셔서 힘들어했던 내담자는 스스로 자기가 해야 할 일을 찾아본 적이 없는 정체감 유실에 속한다. 엄마가 시키는 대로 살다 보니 스스로 질문하고 선택하고 결정해본 경험이 없었던 것이다.

정체감 유예는 현재 정체감 위기 상태에 있으면서 자아 정체감 형성을 위해 다양한 역할, 신념, 행동을 실험하고 있으나 의사결정을 못한 상태이다. 이 시기에 가장 적극적으로 정체성을 탐색한다. 유예기의 청소년은 정체감 성취를 위한 과도기적 단계이므로 시간이 지나면 정체감을 확립하게 되는 경우가 많다.

정체감 성취는 자아 정체감의 위기를 성공적으로 극복하여 신념, 직업, 정치적 견해 등에 대해 스스로 의사결정을 할 수 있는 상태이다. 현실적이고 대인관계가 안정감이 있으며, 자아 존중감이 높고, 스트레스에 대한 저항력도 높다.

무기력이 찾아올 때 고슴도치 엑스에게 물어라

그림책 『고슴도치 엑스』(노인경, 문학동네)는 통제와 금기 속에서 자신의 진짜 모습을 찾아가는 고슴도치의 이야기를 담고 있다. 뾰족한 가시를 부드럽게 다듬을 것, 날카로운 것은 일절 금지. 고슴도치의 도시에서 교양 있는 시민이 지켜야 할 수칙이다. 위험한 건 애초에 차단하겠다는 규칙을 정해놓고 모든 고슴도치를 통제한다. 규칙에서 벗어나는 고슴도치는 벌을 받는다. 고슴도치 엑스는 '가만히 있으라'는 말을 따르지 않는 유일한 존재다. 매일 아침 가시 손질이 의무인 이곳에서 가시가 삐죽 솟아 있다고 학교에서 벌을 받아도 신경을 안 쓰는 고슴도치. 아니 오히려 "요호! 역시 난 멋있어"를 외친다.

고슴도치 엑스는 벌로 도서관 청소를 하다가 금지된 책 한 권을 발견한다. 꽁꽁 싸매진 채 자물쇠까지 채워진 책을 열어 보니, 뾰족한 가시로 친구들을 구한 고슴도치 영웅이 나오는 이야기다. "아흑 멋져! 뾰족해질 거야, 요호호!" 고슴도치 엑스는 당장 뾰족 가시 만들기에 돌입한다. 훈련 방법은 가시로 벽 뚫기, 무거운 짐 끌기, 선풍기 바람 앞에서 버티기 등 여러 가지다. 뾰족한 게 금지된 도시에서 이런 일을 해도 괜찮을까? 도서관에서 책을 읽고 난 뒤 부드러운 가시가 아닌 진짜 가시를 가지고 싶어진 고슴도치는 결국 고슴도치 도시 '올'을 빠져나와 진짜 숲을 만난다.

사랑스럽고 익살맞은 그림에 웃음이 난다. 아이들 말투를 고스란히 살려 유머와 생기가 넘친다. 가장 자기다운 것을 찾아 나선 주인공 고슴도치가 어른들에게 묻는다. '왜 뾰족해선 안 돼? 교양 있고 우아하고, 부드러운 것이 반드시 올바른 것인가?' 이 그림책은 한 어린이가 정체성을 지닌 자기 자신으로 성장하기 위해 반드시 거쳐야 하는 시련과 그 뒤에 만나게 되는 벅찬 순간을 보여준다. 수많은 고슴도치가 막연히 두려워서 소유하지 못한 날카로움을 획득하고 마침내 고슴도치 본연의 삶을 찾아가는 엑스의 모습은 감동적이다. 자기 정체성을 성공적으로 찾아가는 모습을 보여주고 있다.

'올'의 모습은 우리 사회와 닮아 있다. 학교에서는 공부 잘하는 아이, 선생님 말씀 잘 듣는 아이 등 정해진 틀에 맞추어 학생들을 판단한다. 내가 아닌 부모님과 선생님, 타인의 기대와 시선을 의식하고 살아가는 사람들. 지금 가는 그 길이 진짜 내가 원하는 길인가? 그 길이 정답이 아닐 수도 있는데 말이다. 『고슴도치 엑스』는 용기 있는 고슴도치를 통해 자신을 돌아보게 한다. 내면의 목소리에 귀를 기울이라고 이야기한다.

나는 누구인가? 나는 어떻게 살고 있는가? 어떻게 살고 싶은가? 누군가의 기대에 부응하는 삶이 아닌 내가 진짜 원하는 삶을 살고 있는가? 정답은 없다. 후회 없는 삶을 살기 위해 남과 다르게 생각하고 다르게 행동하려면 용기가 필요하다. 우리 모두 진짜 나를 찾고 행복한 삶을 살아가길 바란다. 내가 할 수 있는 것은 아무것도 없어, 세상은 원래 그래. 이런 무기력이 찾아올 때 『고슴도치 엑스』에게 물어보는 건 어떨까.

당신과 나 사이 건강한 거리

당신과 나 사이에 필요한 최적의 거리는 얼마나 될까? 문화인류학자 에드워드 홀의 『숨겨진 차원』에서는 밀접한 거리 0~46센티미터, 개인적 거리 46센티미터~1.2미터, 사회적 거리 1.2~3.6미터, 공적인 거리 3.6~7.5미터, 이렇게 4가지 유형으로 설명한다.

부모와 자녀 간에도 건강한 거리가 필요하다. 하지만 쉽지 않다. 왜 우리는 낯선 사람에게는 친절하면서도 정작 가까운 사람들과는 잘 지내지 못하는 걸까? 낯선 사람에게는 아무런 기대가 없으나 가까운 사람에게는 기대를 많이 한다. 말하지 않아도 내 마음을 알아주기를 바라다 보니 서운하다. 그러다 보니 가족 간 갈등으로 힘들어하는 이들이 많다.

특히 아버지와 아들, 어머니와 딸처럼 성별이 같은 부모와 자녀 간에는 상대방을 자신과 동일시하는 오류를 범할 때가 있다. 심리학자 아들러에 관한 책 『미움받을 용기』에 따르면 아이와의 관계를 고민하는 부모는 대개 '아이의 인생은 곧 내 인생'이라고 생각하는 경향이 있다고 한다. 책에 등장하는 철학자는 부모는 아이의 과제까지도 자신의 과제라고 생각하고 떠안고 있지만, 어느 정도 아이의 과제를 떠맡았다고 해도 아이는 독립적인 개인이라고 말한다. 진학할 학교나 직장, 결혼 상대는 물론 일상의 사소한 언행마저 아이는 부모의 희망대로 움직여주지 않는다. 당연히 걱정도 되고 개입하고 싶을 때도 있겠지만 자녀는 부모의 기대를 만족시키기 위해 사는 것이 아니라며 부모와 자식 사이에도 일정한 선을 그어야 한다고 강조한다.

사람 사이의 건강한 거리를 잘 표현해주는 그림책 『적당한 거리』(전소영, 달그림)에 나오는 화분은 싱그럽다. 화분이 잘 자라는 비결은 '적당해서'이다. 물을 좋아하는 식물이 있고, 물이 적어도 잘사는 식물이 있다. 음지에서도 잘살고, 일광욕을 좋아하고, 쓰다듬어 주면 향기를 뿜는 식물도 있다. 식물처럼 사람도 다양하다. 관심보다는 혼자 있기를 원하는 사람이 있고, 쓰다듬어 주기를 원하는 사람도 있다. 관심이 지나쳐서 물을 많이 주면 뿌리가 물러지고 마음이 멀어지면 곧 말라버리는 사람도 있다.

식물처럼 사람과의 관계에서도 '다름을 알아가고 그에 맞는 손길을 주며 너와 내가 같지 않음을 받아들이는 것이 사랑의 시작'이다. 무엇을 좋아하는지, 원하는 게 무엇인지 물어봐야 한다. 한 발자국 물러서서 보면 돌봐야 할 때와 내버려둬야 할 때를 알게 된다. 건강한 거리가 있어야 새로운 흙을 마련해줘야 할 때, 창문을 열어 바람을 들여주어야 할 때, 따뜻한 곳으로 옮겨주고 거름을 주어야 할 때를 알 수 있다. 매일매일 눈을 마주쳐 잎의 생김새를 가만히 들여다보듯, 스스로 잎을 떨구는 것을 봐주는 것이야말로 청소년기 자녀를 키우는 적당한 태도일 것이다.

6단계

친밀감 대 고립감
(20세~39세)

◇

나는 다른 사람에게
나 자신을 아낌없이 줄 수 있는가

사랑과 직업이라는
두 마리 토끼

연수: 계속 싸우고 헤어지고 반복하는 커플은 또 헤어질 확률이 높다잖아. 서로에 대해 너무 예측이 가능해서 이젠 기대치도 없대.

웅: 너처럼 매번 새로운 사람이 있다는 걸 잘 몰라서 그런다고. 어제 보고 오늘 봤는데 이거 봐. 또 새롭잖아.

연수: 아니 그래도… 내가 매번 너한테 너무 잔소리만 하고 싸움의 빌미를 만드는 것 같단 말야.

웅: 나는 그냥 네가 좋아. 매번 새로운 잔소리를 만들어내는 네가 좋아.

_드라마 <그해 우리는> 13화 Love Actually 중에서

공부 잘하는 전교 1등 '국연수'와 늘 잠만 자던 전교 꼴등 '최웅'이 스물아홉 살에 다큐멘터리 형식으로 인터뷰하며 다시 관계를 들여다보는 드라마 <그해 우리는>의 달콤한 명대사를 가져오며 이야기를 시작해본다. 환경도, 가치관도, 목표도 너무 달랐던 그들은 10년이 흐른 뒤에야 서로에게서 쉼을 얻을 수 있고, 무거운 짐과 불면을 내려놓을 수 있다는 걸 알게 된다. 상대방의 세계로 넘어 들어가는 것이 아니라 서로를 인식하고 있는 그대로 지켜보고 존중하게 된 것이다.

성인기는 가정이라는 울타리를 벗어나서 사회생활을 시작하는 시기이다. 익숙한 사람들과의 관계에서 한발 더 나아가 다양한 사람과 어울리고 친밀감을 형성하며 본격적으로 '어른'으로서의 삶을 살아가는 것이다. 이 시기의 발달과업은 '나는 다른 사람에게 나 자신을 아낌없이 줄 수 있는가'이다. 다른 사람에게 나를 아낌없이 주려면, 남에게 내어줄 '자아'가 있어야 한다. 자신에 대한 사랑과 자아 정체성에 대한 고민 없이 서로에게 깊이 관여하고 상호 신뢰와 애정을 가꾸어가기는 쉽지 않다. 한편으로 정체감을 확립하지 못한 사람은 대인관계에서 위축되고 주변 사람들을 경쟁자로 여겨 타인과 원만한 관계를 이루기 어려우며 고립감을 느끼기 쉽다.

준비가 안 된 상태에서 시작된 사랑과 결혼

큰 고민 없이 사춘기를 보내고 나서 20대가 된 나는, 뒤늦게 자아 정체감을 찾으려고 애쓰며 살았다. 온실 같은 울타리에서 자란 내게 대학 생활은 너무 낯설고 새로운 세상이었다. 그동안 주어진 대로만 살아왔다는 걸 알게 되면서 모든 신념과 가치를 뒤집어엎는 시간을 보냈고 학점은 곤두박질쳤다. 좌충우돌하는 나를 다시 일으켜 세우고 안정을 되찾기 위해 2년이라는 시간이 필요했다. 무사히 학업을 마치고 직장생활을 하다가 우연히 동네에서 지금의 남편을 만나게 됐다. 우리는 사랑에 빠졌고 5년을 만나는 동안 1년을 헤어졌다가 다시 만나 바로 결혼했다. 우리 두 사람은 서로 여행길의 동반자가 되고 싶기도 하고, 서로의 궁전이 되어 정착하고 싶기도 했던 것 같다.

그때는 몰랐지만 돌이켜보니, 나 자신을 아낌없이 줄 준비가 충분치 않은 상태에서 결혼하고 서로의 기대를 사랑이라는 감정과 헌신으로 착각한 면이 많았다. 좌절과 고립감은 외로움과 서운함이라는 감정으로 자리 잡았고, 나를 육아로 몰입하도록 이끌기도 했다. 이러한 나를 알아차리고 재발견하여 관계를 재정립하는 시간이 꽤 오래 걸렸다. 그때의 나와 같은 고민을 안고 있는 이들에게 사노 요코의 그림책 『백만 번 산 고양이』(사노 요코, 비룡소)를 소개한다.

백만 년이나 죽지 않은 고양이가 있었다. 백만 번이나 죽고 백만 번이나 살았던 고양이. 백만 명의 사람이 그를 귀여워했고, 그가 죽었을 때 울었다. 하지만 고양이 자신은 단 한 번도 울지 않았다. 사람들은 고양이를 사랑한다고 하면서 고양이가 싫어하는 일을 시켰고 고양이는 자기 주인 모두를 싫어했다. 백만 번째 삶에서 도둑고양이로 태어난 고양이는 처음으로 자기만의 고양이가 되었고 자기를 무척 좋아했다. 암고양이들은 모두 그 고양이의 신부가 되고 싶어했다. "나는 백만 번이나 죽어봤다고. 새삼스럽게 이런 게 다 뭐야!"라고 말하며 그 누구보다 자기 자신을 좋아했던 고양이. 어느 날 마음에 쏙 드는 하얀 고양이를 만나 그에게 백만 번 죽어본 것을 자랑하고 싶어 공중 돌기를 세 번이나 보여주었지만, 하얀 고양이는 고양이를 본 척도 하지 않았다.

"난 백만 번이나……" 하고 말을 꺼냈다가 고양이는
"네 곁에 있어도 괜찮겠니?"라고 묻는다.
하얀 고양이는
"으응"이라고 대답한다.
고양이는 하얀 고양이 곁에 늘 붙어 있었다.

하얀 고양이와 새끼 고양이들을 자기 자신보다 더 좋아하게 된 고양이는 시간이 흐른 어느 날, 하얀 고양이가 자기 곁에서 조용히 숨을 거둔 걸 알게 된다. 그날 고양이는 처음으로 운다.

'밤이 되고 아침이 되도록, 또 밤이 되고 아침이 되도록 백만 번이나 울었습니다.'

고양이도 움직임을 멈춘다. 그리고 두 번 다시 되살아나지 않았다.

누구에게도 속해 있지 않고 고립을 선택했던 고양이는 두려웠을 것이다. 누군가와 깊은 관계를 맺는다면 더 큰 좌절이나 실망을 느끼게 되지 않을까? 하지만 도둑고양이가 되면서 온전히 자유롭고 충만한 자기를 경험하고 사랑하게 된 고양이는 하얀 고양이와의 만남과 관계 맺음을 통해 '공유된 정체감'을 갖게 된다. 나아가 하얀 고양이와 아이들을 자기 자신보다 더 사랑하게 된 모습에서 진정한 친밀감을 통한 안정과 행복감을 엿볼 수 있다. 아낌없이 내어준다는 것은 타인을 향한 사랑 안에 어느새 나의 행복도 따라와 있음을 발견하는 과정인 것이다. 이 그림책의 백미는 '두 번 다시 되살아나지 않았다'라는 마지막 문장이라고 생각한다. 처음으로 온전한 삶을 살았고 한 번으로 이미 족한 것이다.

내 삶은 이미 족하고 온전한가? 아낌없이 내어줄 준비가 되었는가? 이런 질문을 스스로에게 던지게 해주는 그림책이다.

누군가를 사랑한다는 걸 어떻게 아느냐고?

빅토르 위고는 "다른 누군가를 사랑하는 것은 신의 얼굴을 보는 것"이라고 했다. 사랑에 빠진 남녀는 안 먹어도 배부르고, 계속 그 사람만 생각나고, 얼굴만 보고 있어도 웃음이 나고, 세상을 다 얻은 것 같은 행복감을 느낀다.

"사랑은 상대에게 빠지는 게 아니라 능력"이라는 에리히 프롬의 말은 사랑이 '빠져드는 것'이 아닌 '참여하는 것'이며, 내가 사랑하는 '대상'에게 나를 내어줌으로써 내가 살아있음을 느끼는 것이다. 우리가 사랑에 실패하는 이유는 사랑의 기술이 부족하거나 서툴러서가 아니라, 사랑을 지속하려는 노력 또는 능력이 부족해서라는 말이다.

"누군가를 사랑한다는 걸 어떻게 알죠?" 그림책 『사랑한다는 걸 어떻게 알까요?』(린 판덴베르흐 글, 카티예 페르메이레 그림, 고래이야기)는 사랑이 무엇인지 궁금한 코끼리의 질문에 돌멩이, 나무, 바다, 북극곰, 할머니, 여자아이가 각자의 경험과 이야기로 사랑의 다채로운 면면을 풀어낸다. '사랑'이라는 말은 한마디로 정의하기가 쉽지 않다. 쉽게 잡히지 않는 이 말의 의미가 궁금하다면 이들의 이야기를 들어보자.

"내게는 기운이 빠져 힘이 없을 때 내 등을 살짝 밀어주곤 하는 짝꿍이 있답니다!"

바다가 큰 소리로 말하고는 옆에 있는 바람에게 슬며시 몸을 기댔습니다.
"우린 늘 변함없이 같은 방향으로 떠다니지요."
구름이 멋쩍게 키득거렸습니다.
"심지어는 서로한테 우르릉 쾅쾅 고함을 치고 나서도 우리는 절대 갈라지지 않는답니다."
"전 햇볕 없이는 못 살아요. 그런데 참 이상한 건 말이에요, 마음에 쏙 드는 사과나무가 옆에 서 있으면 그녀가 햇볕을 더 많이 받도록 양보해 주거든요.
어떤 나무가 그런 엉뚱한 행동을 한다면 그 나무는 분명 자기가 사랑에 빠져 있다는 걸
스스로 알 수 있지요."
사과나무가 말했습니다.
"사랑하는 사과나무를 보면 난 그만 얼굴이 빨개져요."
사과가 수줍게 속삭였습니다.

사랑에 대한 다양한 느낌과 생각을 보여주고 세상 모든 것에 사랑이 깃들어 있음을 말해주는 그림책. 연한 핑크빛과 푸른빛이 오묘하게 조화로운 겉표지 그림을 보면 모두 쌍쌍이 다리를 건너고 있다. 사랑하는 이와 집으로 돌아가는 장면 같기도 하다.

사랑은 크고 작은 갈등과 오해와 위로와 평화의 소용돌이 속으로 청춘의 시간을 붙들고 들어가 출구를 찾기 어렵게 하기도 하고 인간을 가장 기쁘게도, 슬프게도 하는 특별하고 강렬한 감정이다. 진정한 어른이 된다는 것은 누군가를 좋아하고 기꺼이 나를 포기하고 배려하며 마음 한켠을 내어주는 일이다. 우리는 혼자보다는 둘일 때 더 편안하고 안정감을 느낀다. 내 마음을 알아주고 희로애락을 함께하며 나를 사랑해주고 내가 사랑하고 의지할 누군가가 있다는 것은 얼마나 아름다운 일인가! 누군가를 볼 때 미소가 지어지고 자꾸 보고 싶다면 사랑하고 있는 거다. 좋은 것을 보고, 맛난 것을 먹을 때 그가 생각난다면 사랑하고 있는 거다. 볼 때마다 나도 모르게 걱정으로 싫은 소리를 하게 되고, 마음이 아프고, 눈물이 난다면 사랑하고 있는 거다. 상처를 주고받고 달래주고 그 자리가 아물고. 그 지난한 과정을 기꺼이 하게 된다면 사랑하고 있는 거다. 이 그림책은 누군가를 사랑한다는 건 삶을 함께 나누는 일이고, 하루하루 모든 순간과 관계 맺음이라는 걸 깨닫게 한다. 누군가와 나의 귀한 것을 나누고 싶다면 그게 바로 사랑이다.

서로의 삶에서 가져온 것들을 함께 즐기는 것

친밀한 관계는 다른 사람을 이해하고 다른 사람과 함께하는 능력으로부터 발달한다. 에릭슨은 분할된 역할 속에 들어

있는 대립적인 것들을 끊임없이 억제하는 '상호 헌신의 관계'
가 사랑이라고 보았다. 이 단계의 긍정적인 결과는 성적 친밀
감, 우정, 사랑, 결혼 등이지만, 부정적인 결과는 고립과 고독
이다. 이 그림책에 나오는 개미의 모습은 사랑을 믿지 못하고
외로움을 선택하는 고립감을 잘 보여준다.

'바보 같은 소리!'
개미는 속으로 생각했습니다.
'이러쿵저러쿵 다 쓸데없는 이야기들이야!'
개미가 망치를 내리쳤습니다.
(……)
"안으로 잠깐 들어오게나."
거북이가 반기며 말했습니다.
"같이 차나 한잔 할까? 차 맛이 제법 괜찮거든.
아내에게 주려고 방금 끓였다네. 아플 땐 뭐니뭐니 해도 차가 최
고지."
"고맙지만 다음에 마실게요. 시간이 없어서요."
개미는 이렇게 말하고 부랴부랴 거북이 집을 떠났습니다.
그런데 어떻게 된 일일까요?
개미는 갑자기 알 수 없는 외로움이 밀려드는 걸 느꼈습니다.

좀 더 높은 지위에 오르는 일이 무엇보다 중요하고 늘 해야 할 일이 많은 개미에게 사랑이란 시간 낭비일 뿐이었다. 사랑에 대해 답하던 회의가 끝나자 코끼리는 언덕을 뛰어 내려간다. 생쥐는 세상을 다 얻은 듯한 자신감을, 돌멩이는 온몸에 전해져 오는 따듯함을, 바다는 지쳤을 때 무엇보다 힘이 되는 위로를, 사과나무는 자신보다 상대를 더 위하는 배려의 마음을 자신의 마음속에서 발견한다. 다들 자신의 사랑과 함께 행복해하며 돌아가지만, 개미는 산더미처럼 쌓인 일을 빨리 처리하려고 발걸음을 재촉하다가 문득 알 수 없는 외로움을 느끼며 당황한다.

늘 받아주고 착하기만 한 남편과 결혼하여 안정감을 찾은 것 같았지만, 시댁에 휘둘리고 술에 의존하는 남편에게 실망한 아내가 상담실을 찾아왔다. 착하기만 한 남편의 우유부단함에 답답증이 생기고, 부모님께 사랑받지 못했던 어린 시절의 상처가 완벽주의와 불안장애로 내담자를 사로잡아 버린 상태였다. 상담 과정에서 상처받은 내면아이를 만나고 '희망이'라는 이름을 붙여주면서 스스로 사랑하고 위로하는 법을 배웠고, 이후 점차 안정을 되찾았다. 모든 어려움이 일시에 사라지지는 않았지만, 자신을 지키고 남편을 다시 보듬어줄 수 있는 용기를 갖게 되었다. 외면하던 자기 자신에게 선물하는 시간을 만들고, 남편과 즐거운 추억도 쌓으면서 사랑이 새로운 색깔로 다시 물들기 시작했다. 사랑은 누구에게나 찾아오지만 잘 가꾸고 꽃 피울지, 꽃밭을 망치고 고독의 세계로 다시 들어갈지는 오롯이 자신이 선택할 몫이라는 것을 깨닫는 시간이었다.

성인의 정체감은 '나는 누구인가'라는 질문에 대한 답을 찾아가는 과정에 있어서 중요한 부분이다. 성인기의 정체감 발달은 부부나 연인 간의 친밀감 형성을 통해 '사랑하는 사람으로서의 나'라는 생각을 다듬어가는 과정이기 때문이다. 아픔이 있더라도 사랑은 우리를 한 단계 나아가게 하고, 더 좋은 사람이 되고 싶게 만들어주며 누군가를 아끼고 누군가를 위해 희생하고 헌신하는 것이 얼마나 멋진 일인지를 깨닫게 해준다. 서로의 삶에서 가져온 것들을 공유하고 나누며 함께 즐길 줄 안다면 우리는 비로소 제대로 어른의 출발점에 섰다고 할 수 있을 것이다.

성장하기 위한 통과의례, 위기

심리 사회적 단계에는 위기가 발생하는데 위기란, 해당 단계의 개인에게 부과된 생리적 성숙과 사회적 요구로부터 발생한 인생의 전환점이다. 발달단계별 개인의 행동 패턴은 이러한 과제 혹은 위기가 궁극적으로 '어떻게 해결되는가'에 의해 결정된다. 각 단계는 체계적으로 다른 모든 단계와 연관되어 있어서 전 단계의 적절한 발달에 다음 단계가 의존하고 있다.

그림책 『곰이 강을 따라갔을 때』(리처드 T. 모리스 글, 르웬 팜 그림, 소원나무)를 보면, 강물을 따라 인생의 여정을 헤쳐나가는 곰을 만날 수 있다. 본격적으로 사회에 뛰어들어 삶을 계획하고 주체적으로 이끌어가야 하는 성인기에 들어선 청년들은 인생이라는 '강물'에 빠져 엄청난 모험을 시작하게 된다. 직업을 얻고 사회생활을 하는 과정에서 순간순간 위기가 닥쳐오지만, 그것은 생존과 성장을 위한 필연적인 과정이다. 이때의 위기는 행복한 중년과 노후를 위한 통과의례이며, 가치 있는 방황이고 기꺼이 경험해야 하는 여행인 것이다.

밤에도 흐르고, 낮에도 흐르는 강이 있었어. 강이 어디로 가는지는 아무도 몰랐지.
어느 날, 곰이 강을 따라갔어. 그저 궁금해서 말이야.
그러다 철버덩, 곰은 강에 빠졌다는 걸 깨달았어.
하지만 엄청난 모험에 빠졌다는 걸 몰랐지. 폴짝, 개구리가 뛰어올랐을 때까진 말이야.

곰이 강물에 빠져 모험을 시작하자 개구리가 나타나고, 외로워하는 개구리에게 친구들이 나타나고, 위험을 걱정할 때 오히려 통나무 타기의 즐거움을 알게 된다. 폭포로 떨어지며 여정이 끝나지만, 두렵기보다는 함께하는 즐거움이 있다는 걸 강을 따라 흘러가기 전까지는 알 수 없었다. 이 그림책의 앞 면지에서는 숲이 흑백이었다가 뒤 면지에서는 숲이 다양한 빛깔로 살아난다. 강을 따라가기 전에 동물들은 각자 혼자였다. 하지만 강을 따라가면서 만난 친구들과 함께 모험도 하고 서로 의지도 하면서 폭포로 떨어진 후에 함께 즐거운 시간을 보낸다.

성인기는 사회에 참여하고 자유와 책임감으로 스스로 삶을 영위하는 시기이다. 자기 자신에게만 초점을 맞추는 단계에서 나아가 직업 선택, 배우자 선택, 친구 선택 등 다양한 문제를 경험하고 관계 속에서 공유된 정체감을 찾으려 하는 때이다. 경험하기 전에는 아무것도 현실이 되지 않는다. 모험에서 배움이 일어난다. 직접 경험하지 않고서는 더 나아질 것인지 알 수 없다. 하지만 더 나아져야 할 때 용기를 내야 한다는 건 분명하다. 위기는 실패가 아니며, 배우는 기회다. 일단 뛰어들어 보자. 손 내밀어 줄 누군가를 만나기까지 흘러가보자.

친밀감이라는 능력

맛있는 음식을 먹거나 좋은 장소를 갔을 때 떠오르는 사람이 있는가? 나에게 좋은 일이 생겼을 때 가장 먼저 알리고 축하받고 싶은 사람, 내가 힘들 때 위로 받고 싶은 사람은 누구인가? 만약 그 사람이 물에 빠진다면 기꺼이 구할 수 있을까?

얼마 전 여름방학을 맞이한 딸아이와 영화 〈비상선언〉을 함께 봤다. 재난영화인 줄 알고 봤는데 인간의 깊은 내면과 본능, 그리고 관계를 보여주는 이야기로 깊은 여운을 남기고 많은 생각을 하게 했다.

하와이를 향하는 비행기에는 여행으로 들뜬 수많은 승객, 그리고 재혁(이병헌)과 딸도 타고 있다. 조종사였던 재혁은 사고로 비행공포증이 생겼지만 아픈 딸과 함께 여행을 하기 위해 비행기에 오른다. 비행 도중 알 수 없는 이유로 승객들이 하나둘 사망하고 사람들은 공포에 휩싸인다. 그 시각 비행기 테러가 발생했다는 제보를 받고 사건을 조사하는 형사 인호(송강호). 친구들과 여행을 떠난 아내가 탑승한 비행기가 테러 당하게 된 사실을 알게 된 인호는 아내를 살리기 위해 할 수 있는 모든 방법을 총동원하여 수사한다.

빠른 속도로 전염되는 바이러스로 사망자 수가 순식간에 늘어난다. 비행기는 정상적인 운항이 불가능해지고 재난 상황으로 무조건 착륙을 요청하는 비상선언을 하게 된다. 하지만 바이러스 전염 위험으로 여러 나라에서 착륙 허가를 받지 못하고 한국으로 돌아온다.

그러나 착륙 반대 시위를 하는 시민들로 인해 한국 착륙도 쉽지 않다. 비행기에서 내리면 살 수 있다는 희망을 품고 있던 승객들은 착륙을 반대하는 시민들의 시위 소식에 분노한다. 그러나 사랑하는 사람들에게 바이러스가 전염되는 것이 두려운 승객들은 결국 착륙하지 않기로 뜻을 모은다. 비행기는 다시 이륙하며 사랑하는 이들에게 마지막 인사를 한다. 영화를 본 후 '나라면 어땠을까? 과연 사랑하는 사람을 위해 목숨을 내놓을 수 있을까?' 하는 생각을 했다.

친밀감이란 서로 다른 정체감을 융합하는 능력

에릭슨의 발달단계 중 성인기는 다른 사람과 친밀감을 형성하는 시기이다. 성인기에 진입했다는 건 부모 집을 떠나고 학업을 마치고 직업을 갖는 것이다. 원가족의 울타리를 벗어나 새로운 울타리를 만들기 위해 경제적, 정서적으로 독립하려고 노력하며 친밀한 관계를 형성하고 자신의 가정을 갖는다. 친밀감은 자신의 정체감과 다른 사람의 정체감을 융합시킬 수 있는 능력을 의미한다. 그리고 그것은 타인을 이해하고, 깊은 공감을 나누는 수용력에서 발달한다.

그럼 우리는 어떤 사람과 친밀한 관계를 맺는 것일까? 대부분 자신과 비슷한 사람을 좋아하는 경향이 있다. '유유상종'이란 말처럼, 취미나 가치관이 유사하면 성격을 예상하기 쉽고, 심리적 부담이 적기 때문이다. 또한 '이웃사촌'이라는 말처럼 가까운 곳에 사는 사람들과 친구가 되고, 자주 만나는 사람들과 친밀하게 지내게 된다.

그림책 『토마토 나라에 온 선인장』(김수경, 달그림)은 선인장 '누와'가 토마토 나라로 유학을 오는 흥미로운 이야기로 시작된다. 낯선 환경에서 의지할 곳이 없던 선인장 누와는 친절하게 챙겨주는 토마토 '토토'와 금방 친해진다. 그러던 어느 날 누와는 아버지가 다쳤다는 소식을 듣게 되지만, 형편이 어려워 비행기 표를 구하지 못한다. 아버지에게 갈 수 없어서 슬퍼

하는 누와를 위로하며 안아주다가 토토는 뾰족한 가시에 찔려 상처를 입게 된다. 자신을 위로하려던 친구를 아프게 했다는 사실에 미안함을 느낀 누와. 누와는 미용실로 가 자신의 가시를 모두 밀어버리고 만다.

다시 만난 누와와 토토! 미안하다고 사과하는 누와에게 토토는 자기가 멋대로 껴안아서 다쳤다며 사과한다. 그러곤 다치지 않게 안는 방법을 찾아냈다며 누와의 몸을 머플러로 감싸고 안아준다. 그렇게 누와와 토토는 서로를 향한 배려로 더 친밀한 관계를 유지하며 이야기는 끝난다.

선인장 가시는 수분 손실을 막고 적으로부터 보호해주는 역할을 한다. 토토를 위해 누와는 자신을 보호해주는 역할을 하는 가시를 기꺼이 포기한 것이다. 이처럼 성인기의 친밀감은 다른 사람의 요구와 근심을 자신의 일인양 중요하게 여기는 것을 말한다.

그럴 만한 이유가 있었겠지요

어느덧 결혼 20주년이 되어 이젠 동지애나 의리로 살아간다고 우스개로 말하는 요즘. 그래서인가, 사랑의 감정이 식은 것 같다는 생각에 관계를 점검해보려 했던 적이 있다. 사랑해서 결혼했지만 오랜 시간 함께하면서 서로에게 상처를 준 말이나 행동이 각자 가슴에 박혀 있을 수 있다. 얼마 전 방송에서 부부란 한 글자로는 짝, 두 글자로는 하나, 세 글자로는 나란히, 네 글자로는 평생 친구, 열아홉 글자로는 '당신이 그랬다면 그럴 만한 이유가 있었겠지요'라고 하는 걸 보았다.

정의 내리기 어려운 개념이지만, 사랑은 조건 없는 믿음, 생각만 해도 미소 지어지는 관계라고 생각한다. 전혀 다른 두 사람이 만나 서로를 이해하고 배려하며 함께 살아가기란 쉬운 일이 아니다. 그럼에도 우리는 누군가를 사랑하기를, 사랑받기를 원한다. 사랑은 양면성이 있어 뜨겁기도 하지만 차가운 고통을 경험하기도 한다.

그림책 『두 사람』(이보나 흐미엘레프스카, 사계절)은 조화로운 관계의 의미를 깊이 생각하게 해준다. 그림책은 '두 사람이 함께 사는 것은 함께여서 더 쉽고, 함께여서 더 어렵습니다'라고 시작하며 평소에 알아차리지 못했던 관계를 장면마다 다양한 사물로 표현한다.

두 사람은 드넓은 바다 위 각자 섬으로 살며 자기만의 화산, 자기만의 폭포, 자기만의 계곡을 가지고 있다.

어떤 두 사람은 모래시계의 두 그릇처럼 언제까지나 붙어 있다. 위쪽 그릇이 모래를 주면, 아래쪽 그릇은 받고, 그렇게 서로 번갈아 가며 모래를 받는다.

같은 시간을 가는 두 개의 시계, 두 사람이 있다. 시계 하나는 빠르기도 하고 가끔 늦기도 해 신경을 써줘야 한다. 절대로 시간이 틀리지 않지만, 가끔 배터리가 떨어지기도 한다.

색깔이 전혀 다른 두 사람. 따뜻하고 즐거운 노란색과 서늘하고 진지한 푸른색. 노란 눈과 파란 눈에서 각기 다른 색의 눈물이 흐르고 결국 두 사람의 눈물이 만나 초록의 들판을 만든다.

자전거의 두 바퀴처럼 연결된 두 사람은 항상 같은 방향과 속도로 움직이지만, 바퀴 하나에 바람이 빠지면, 다른 바퀴가 멀쩡해도 더는 달릴 수 없다.

이처럼 그림책에는 다름을 이해할 수 있는 장면이 곳곳에 담겨 있다. 세상에서 가장 가까운 관계를 원해 사랑으로 맺어진 두 사람. 두 사람의 관계는 우리가 모두 그러하듯 예상치 못한 일들로 서로 상처를 주고 받는다. '두 사람이 함께한다면 무엇이든 할 수 있습니다'라는 문구처럼 방향을 결정하는 데 오래 걸리고 어려운 순간도 있다. 하지만 둘이서 순조롭게 지나갈 수 있는 순간이 더 많다. 그림책『두 사람』에는 서로에 관해 탐구하고 다름을 인정하고 이해하여 더 좋은 관계를 가꾸어 가기를 바라는 작가의 마음이 들어 있다. 나 또한 '두 사람이어서 무엇이든 할 수 있다'는 작가의 말에 동의한다.

스턴버그의 삼각형 이론에서 사랑에는 친밀감, 열정, 책임, 세 가지 구성요소가 있다. 두 사람은 가깝게 느끼는 순간 친밀감을 느끼고 사랑과 열정도 느끼게 된다. 그러나 열정은 제일 먼저 사라지는 요소이고, 책임은 관계를 유지하기 위한 약속이며, 지속시켜야 한다는 인지적 요소다. 열정은 나타났다 사라졌다 하는 것이고, 모든 관계는 만족스러울 수도 불만족스러울 수도 있다. 그러나 책임은 평생 이 사람을 사랑하겠느냐는 물음에 "네"라고 대답한 약속이다.

접촉 횟수에 따라 친밀감은 강화되고 사랑으로 나아간다. 하지만 요즘은 친밀감이나 사랑보다 상대의 조건을 중요하게 여기고 결혼하는 사람들이 늘어나고 있다. 마트에서 상품을 고르듯 자신이 원하는 조건의 상대를 만나면 과연 행복이 보장될까? 그림책 『토마토 나라에 온 선인장』의 주인공 토토처럼 사랑은 나를 아낌없이 내어주고, 관심을 갖고 상대를 돌보는 것이다. 친밀감을 가지고 애정을 쏟아야만 상대도 그렇게 된다.

결혼은 두 사람이 함께 인생을 항해하는 것으로 무서운 파도와 예기치 못한 상황들이 곳곳에 나타난다. 두 사람이 사랑과 믿음으로 서로를 위하고 노력하면 안전하게 목적지에 다다를 수 있을 것이다.

20년 전 평생 이 사람을 있는 그대로 사랑하겠냐는 질문에 "네"라고 대답했다. 늘 함께하고 싶은 친밀감과, 남 부럽지 않은 열정도 있었다. 희생과 양보를 해도 당연했다. 비록 열정은 사라졌을지라도 '당신이 그랬다면 그럴 만한 이유가 있었겠지요' 하고 믿고 공감하는 친밀한 관계가 유지되기를 바란다. 사랑의 약속을 지키기 위해 서로 노력하는 우리를 바라본다.

너를 위해, 나를 위해, 그리고 우리를 위해!

생산성 대 침체성
(40세~64세)

◇

나는 다음 세대에게 무엇을 줄 수 있는가

다음 세대에게 건네는
선물 상자

2021년 3월, IMF 외환위기 여파가 한창이던 1999년 이후 21년 만에 우리나라 실업률이 최고치에 달했다. 자영업자들의 폐업은 물론이고 직장인들도 강제 무급휴가를 받거나 해고당하는 일이 속출했다. 이러한 상황은 생산성이라는 중년기 발달과업에 큰 영향을 미쳤다.

중년기에 있어 직업은 생계 수단일 뿐만 아니라 여러 면에서 인생에 큰 영향을 미치는데 실업은 경제적인 문제와 더불어 직업을 통해 자신의 정체감을 찾는 중년기의 자아 존중감마저 상실하게 했다. 이로 인해 중년기 발달과업인 생산성을 완수하는 데 어려움을 겪게 되었다.

생산성은 자녀를 낳아 기르고 젊은 세대를 지도하며 지역사회에 도움이 되는 일을 하는 등 인생의 중요한 측면을 통해 다음 세대를 인도하는 것에 관련된 모든 것을 말한다. 에릭슨은 특히 자녀 출산에 큰 비중을 두었지만, 자녀를 출산한다는 사실만으로 생산성이 보장되지는 않는다. 부모는 자녀를 보호하고 지도하는 등 양육에 힘써야 한다.

다음 달이라는 약속

그림책 『다음 달에는』(전미화, 사계절)에 등장하는 아빠는 한밤에 침낭을 싸서 아들과 함께 집을 나선다. 처음에는 캠핑하러 가나 하고 가볍게 보았는데 그림책을 다 본 후 이 장면을 다시 보니 커다란 가방을 하나씩 메고 캄캄한 밤을 걸어가는 뒷모습이 마치 앞날이 보이지 않는 암흑 속으로 들어가는 것만 같아 먹먹했다. 출간 전 작가님의 아이디어 노트에 '이제는 회사 대신 공사장으로 간다'라고 되어 있었던 걸 보면 아빠는 어떤 이유에서인지 직장과 집을 잃게 되었고 그렇게 두 사람이 이사를 하게 된 곳은 공사장 앞에 있는 '봉고차'였다.

중년기에 가장 중요하다고 할 수 있는 직장과 집을 잃은 것만으로도 마음이 무너질 법한데 심지어 쫓아오는 빚쟁이들 때문에 하나뿐인 아들은 학교도 못 가고 숨어 지내야 한다. 온종일 좁은 봉고차 안에서 아빠가 오기만 기다렸을 아들을 지켜보는 아빠의 심정은 어땠을까? 과연 이런 상황에서도 중년기 과제인 생산성을 이루어낼 수 있을까?

'희망만 있으면 행복의 싹은 그곳에서 움튼다'라는 괴테의 말처럼 어려운 상황이기는 하지만 불가능한 것은 아니다. 아빠는 매일 밤 "다음 달에는 학교에 갈 수 있어"라고 약속하며 아들에게 희망을 전한다. 아빠가 한 약속이 계속해서 다음 달로 미뤄지기는 하지만 아빠는 아들을 살뜰히 돌본다. 점심 시간이 되면 반찬통에 음식을 담아 날라주고 어린이는 우유를 마셔야 한다며 우유도 꼭 챙겨준다. 비가 오는 날이면 아들을 도서관에 데리고 가 함께 책 구경을 하기도 한다. 직장과 집은 잃었을지언정 에릭슨이 말한 생산성은 잃지 않은 모습이다.

또 그림책 속 아빠는 일반적인 중년기 남성들처럼 힘든 티를 내지 않으려고 속으로 눈물을 삼키지도 않는다. 남자는 울면 안 된다는 오래된 강요 아래, 혹은 아이들에게 든든한 울타리가 돼주고 싶은 바람으로 힘든 마음을 숨기는 아빠들의 모습과는 달리 봉고차 생활 첫날밤부터 아들을 보며 눈물을 훌쩍인다. 돈을 빌려준 사람들이 봉고차로 쫓아온 날에는 아예 아들에게 커다란 등을 보이며 엉엉 울기도 한다. 아들은 그런 아빠의 등을 말없이 다독여주며 아빠가 울지만 않는다면 학교는 다다음 달에 가도 된다고 생각한다. 아이의 표정은 이들이 처한 상황처럼 어둡지 않다.

오히려 아빠의 솔직한 감정 표현을 통해 아이는 아빠의 마음을 헤아리고 배려하는 과정에서 정서적 유대감이 생기고, 현실적인 한계를 인식하며 그에 따른 어려움을 참고 견디는 법도 배울 수 있었다. 부모라면 누구나 아이에게 좋은 것만 주고 싶겠지만 발달과업의 성공적인 해결이 반드시 긍정적인 측면만을 의미하는 것은 아니다. 에릭슨이 말하는 최상의 해결책은 그림책 속 모습처럼 부정적인 측면과 긍정적인 측면이 균형을 이루는 것이다.

하루아침에 아이가 학교도 가지 못하고 같은 반 아이를 만나면 숨어야 하는 상황에 놓였지만, 아빠는 포기하거나 피하지 않고 그 상황 안에서 자신이 할 수 있는 일을 찾아 끝내 학교에 보내준다는 아들과의 약속을 지킨다. 차 창문으로 눈만 빼꼼히 내밀고 친구들이 지나가면 얼른 고개를 숙이던 아이는 이제 차 문을 활짝 열어 두고 길고양이에게 음식을 내어줄 만큼 긍정적인 모습으로 균형을 이룬다. 이제 다음 달에는 집을 얻을 수 있을 거라는 아빠의 말에 힘차게 고개를 끄덕이는 아이는 이 시간을 통해 학교에서는 배울 수 없었을 더 많은 것을 배웠을 것이다.

다음 세대를 돌보며 중년의 위기를 극복하다

"그땐 집도 다 넘어가고 빚만 떠안고 반지하에 방을 얻었는데 그 반지하로 내려가는 계단이 그렇게 어두워 보일 수가 없는 거야. 그동안 열심히 살아온 결과가 이건가 싶었지. 앞으로 어떻게 살아야 할지 막막한데 그것보다 나도 이제 일해야 하니까 학교에 다녀온 애들이 이 계단을 내려가서 혼자 문 열고 들어갈 생각에 가슴이 너무 아프더라고. 그래서 기분 좋게 집에 들어갈 방법이 뭐가 있을까 생각하다가 포스트잇에 '잘 다녀왔어? 문을 열고 들어가면 오늘 간식은 뭐가 있을까?' 이런 말도 써 붙이고 수수께끼도 내고 그림도 그려놓고 그랬거든. 나는 지금도 그때를 떠올리기 싫은데 우리 애들은 그때 문에 붙어 있던 쪽지 이야기를 하면서 재미있었다고, 정말 행복했던 때로 기억하더라고. 신기하지?"

과거 남편의 사업 실패로 힘들었던 지인의 이야기다. 지인과 그림책 속 아빠는 갑작스럽게 닥친 불안한 상황에서 자신을 추스르기도 힘들었을 텐데 다음 세대를 생각하고 돌봄으로써 중년의 위기를 잘 해결해냈다. 무력감에 빠지는 대신 자신의 역할을 수행했고 성숙함을 발휘해서 힘든 상황에서도 해낼 수 있다는 믿음과 행복이라는 선물을 아이들에게 줄 수 있었다. 만약 힘든 현실을 탓하며 다음 세대를 돌보지 않았다면 중년기의 심리적인 침체성을 느꼈을 것이고 이 시기를 함께한 아이들 역시 유년 시절의 소중한 추억을 잃었을 것이다.

우리는 다음 세대를 돌보며 좋은 것을 선물해주고 싶어 한다. 그런 마음과는 다르게 선물을 건넬 여유가 없기도 하고 때론 비바람을 맞아 젖고 찢어진 선물 상자를 아이들에게 건네야 할 수도 있다. 하지만 상자보다 안에 담긴 선물이 중요하듯 삶의 한 중앙이 찢겨나간 환경 속에도 우리는 귀한 삶의 가치를 담아 전할 수 있다는 것을 기억해야 한다.

99㎡의 마음 통로

얼마 전 전북 전주에 있는 한 건물 소유주가 10년 동안의 임대수익을 포기하고 동네 아이들을 위해 통학로를 내어준 사실이 뉴스를 통해 뒤늦게 알려졌다. 과일가게를 운영하는 부부가 11년 전 건물을 지으면서 건물 한가운데를 뚫어 통로로 만든 것이다. 99㎡에 해당하는 이 통로를 점포로 채워 세를 받았다면 적어도 매달 백만 원 이상의 수익이 있었을 텐데 돈보다 다음 세대의 안전을 더 귀하게 여기는 어른의 따뜻한 마음으로 내린 결정이었다. 덕분에 근처에 사는 아이들은 차가 많이 다니는 위험한 도로로 돌아가지 않고 안전하게 학교에 오갈 수 있었다.

꼭 내 자녀가 아니더라도 주변 아이들의 안전 문제에 책임감을 느끼고 통로를 내준 부부처럼 에릭슨은 자기 자녀를 낳아 양육하는 것뿐만 아니라 이웃과 지역사회를 위해 의미 있는 일을 실천하는 것도 생산성과 관련이 있다고 보았다. 하나의 길이었던 통로가 중년 부부의 다음 세대를 향한 배려를 통해 아이들이 따뜻하고 열린 마음을 배울 수 있는 통'학'로가 된 것이다.

세상이라는 정원

그림책 『한밤의 정원사』(테리 펜, 에릭 펜 글·그림, 북극곰) 첫 장면에는 어린이 안전 주의 안내판이 걸린 침체된 마을이 나온다. 잿빛 거리를 오가는 어른들의 어깨는 축 처져 있고 집 안에서 밖을 지켜보는 아이의 표정은 무료해 보인다. 그러던 어느 날, 하룻밤 사이에 그림로치 보육원 앞에 부엉이 나무가 마법처럼 나타난다. 다음 날엔 고양이 나무, 그다음 날엔 토끼 나무…. 그렇게 거리에 매일 새롭고 다양한 나무가 나타나면서 이 작은 마을에 변화가 생긴다. 아주 행복한 변화가. 토피어리를 보기 위해 모여드는 사람들에게 다양한 색이 입혀지고 거리에도 생기가 돌기 시작한다.

세월이 흘러 멋지게 조각되었던 나무들의 흔적은 모두 사라지지만, 마을은 더 이상 예전의 모습이 아니다. 이제는 마을 사람 모두가 정원사가 되어 함께 마을을 가꾸고, 아름다워진 거리엔 아이들이 자유롭게 뛰논다. 이 변화는 모두 한밤의 정원사였던 한 할아버지로부터 시작된 것이었다.

그림책 앞부분, 보육원 앞 길가에 앉아 바닥에 부엉이 그림을 그리고 있던 아이를 지나쳐가는 할아버지가 바로 한밤의 정원사였다. 어쩌면 우리는 무심코 지나쳤을 수많은 순간. 그 순간의 찰나에 아이를 향한 할아버지의 관심이 아이가 그린 부엉이 모양을 통해 나무에도, 그 나무를 바라보는 아이 윌리엄에게도 잃었던 생명력을 불어넣어 준 것이다. 그렇게 시작된 마을 곳곳에 대한 할아버지의 관심과 노력이 결국 온 마을을 변화시켰다.

다음 세대를 향한 지극한 관심과 내가 가진 것을 통해 의미 있는 삶을 실천한 그림책 속 한밤의 정원사 할아버지와 과일가게 부부를 보며 '한 아이를 키우려면 온 마을이 필요하다'라는 아프리카 속담에 '한 어른이 온 마을을 살릴 수도 있다'라는 말을 보태고 싶다. 우리는 모두 그 '한 명의 어른'이 될 수 있다.

불완전한 나를 넘어서, 그래도 달린다

"중년이 되면 모든 것이 안정되고 여유로워질 줄 알았어요. 아이들 키우는 데 너무 많은 돈과 에너지를 썼어요. 정말 최선을 다했어요. 그런데 이제 아이들이 낯설어요. 자기 혼자 큰 줄 알죠. 부모님 모시고 이 눈치 저 눈치 보느라 마음에 병까지 생겼어요. 이제 부모님 일도 해결됐는데 제 몸이 아프기 시작하네요. 운동도 하고, 맛있는 거 먹으러 다니고, 여행하면 될 줄 알았는데 문득문득 밀려드는 공허감과 무력감에 인생을 헛살았나 싶고 어디에 의미를 두고 살아야 할지 막막해요. 화가 확 치밀었다가 갑자기 눈물이 나고 그래요."

상담실에 찾아온 중년의 내담자가 한숨과 함께 시작한 말이다. 이 시기는 성숙한 성인으로서 윗세대를 부양하고 다음 세대를 위해 의미 있는 일을 하며 지역사회를 위해 도움이 되는 일을 하는 때이다. 하지만 자신이 일군 울타리 안의 자녀, 직업, 관계 등에 대한 '자부심'이라는 자아 특성이 발달되지 못하고 형식적으로만 책임을 감당하려고 하거나 자녀를 소유하려고 할 때, 생산성보다는 침체감을 경험할 수 있다. 이때는 이전에 가치를 두었던 삶의 목표와 과정에 의문이 생기기 시작하고, 자녀들이 성장해서 부모 곁을 떠나면 빈둥지 증후군을 겪기도 하는 시기이다.

정신분석학자 융(C. Jung 프로이트와 쌍벽을 이루는 심리학의 대가. 집단 무의식과 콤플렉스를 이론화함)은 이때 '중년기의 위기(Midlife Crisis)'가 시작된다고 했다. 많은 심리학자가 사춘기를 자아 의식 확립의 시기로 보았지만, 그는 중년기를 전환과 비약을 위한 '위험한 연령'으로 주목했다. 다음 세대를 위해 무엇을 줄 수 있는가를 고민하는 시기가 중년기라고 한다면, 목표를 향해 달리기만 했던 나를 멈추고 삶의 완수를 위해 조금씩 내리막으로 가고 있는 자신을 받아들여야 한다. 진짜 자기가 원하는 삶을 찾아가는 내면 여행을 시작해야 한다는 것이다. 내 안이 먼저 충분히 채워져야 남한테 자연스럽게 흘러갈 수 있기 때문이다.

진정한 나는 누구인가?

독일의 민담집 그림 동화에 보면 수명에 관한 이야기가 있다. 하나님이 세상을 지으시고 피조물에게 각각 30년씩 수명을 주었다. 하지만 나귀는 평생 짐 나르느라 고단하다고 하소연하여 18년을 깎아 12년만 받는다. 개는 이리저리 뛰어다니느라 다리도 아프고 이가 빠지면 힘들다고 하소연하여 12년을 깎아 18년을 받는다. 원숭이도 익살스러움 뒤의 슬픔을 하소연하여 10년을 깎는다. 인간은 30년이면 충분하냐는 하나님의 질문에, 인생을 즐길 만할 때 죽는 건 억울하다며 나귀의 18년, 개의 12년, 원숭이의 10년을 달라고 졸라서 가져갔다. 그런데도 인간은 그다지 만족스럽지 않은 얼굴로 돌아갔다. 그리하여 인간은 70년을 살게 되었다. 처음 30년은 인간 자신의 시간이라서 건강하고 즐겁게 살아가며 기쁨을 느낀다. 그다음 18년은 나귀의 시간으로 다른 사람을 먹여 살리느라 고생하며 무거운 짐을 지고 살아간다. 다음 개의 12년은 물어뜯을 이빨도 없이 구석에 앉아 투덜거리며 지낸다. 이 기간이 지나면 원숭이의 10년을 맞아 얼빠진 짓을 저지르며 놀림감이 되어 인생을 보낸다.

그림 형제의 이야기는 우리가 선물로 받은 인생을 당나귀나 원숭이가 아니라, 인간으로서 온전히 살라고 이야기하고 있는지도 모른다. 그렇다고 젊음과 강인함만 내세우며 마냥

30대인 것처럼 계속 살 수는 없다. 나이와 상황에 맞게 살아야 하기 때문이다. 또한 마음 깊은 곳에서 들리는 소리를 외면하고 내 안에 존재하는 '전체로서의 자기(self)'와의 접촉을 피한다면 인간 소외 문제가 대두될 수 있다. 스스로 소외된 '나'는 결국 40대 이후에 중년의 위기에 봉착하게 될 것이다.

여기서 소개할 그림책은 다비드 칼리가 글을 쓴 『누가 진짜 나일까』(다비드 칼리 글, 클라우디아 팔마루치 그림, 책빛)이다. 겉표지 앞 뒷면에는 고개를 빼꼼 내민 쌍둥이 같은 두 신사가 있다. 내가 밤새워 일하는 동안 복제 인간이 내 집에서, 내 옷을 입고, 내 책을 읽으며, 나의 삶을 살고 있다. 일에 지쳐 집으로 돌아간 나는 '나' 대신 내 삶을 온통 차지하고 있는 복제 인간에게 쫓겨나고 만다.

나는 계속 이렇게 살아야 하는 걸까?
혹시 내가 복제 인간이 아니었을까?
어쩌면 우리가 모두 복제 인간이 아닐까?

자기를 잃어버린 채 정신없이 일에 쫓겨 살아오던 주인공 '나'는, 복제 인간에게 쫓기듯 집에서 도망쳐 나온 후에야 자신이 바다를 좋아했다는 걸 깨닫는다. 어린 시절 아빠와 함께한 추억이 떠올라 마침내 남쪽 바다로 가는 기차를 탄다. 그림책 속 '나'처럼 우리도 어쩌면 무엇을 좋아하는지 잊은 채, 내 삶의 무대에서 주인공의 자리는 일이나 돈, 성공에 내어주고 기계적으로 하루하루를 살아왔는지도 모른다. 누가 내게 그렇게 살라고 했는지도 모르고, 왜 그렇게 살아야 하는지도 궁금해하지 않으면서 말이다. '나'는 자신이 좋아하는 크레이프(프랑스 팬케이크)를 만들며 살아간다. 만약 복제 인간을 다시 만나게 되더라도 내 삶을 그대로 살아가리라 다짐하면서 말이다.

인생의 중반에 이르렀다면 본연의 즐거움은 잊은 채 의무와 책임감에 짓눌려 세상을 비관하면서 나귀와 개로 살아가고 있는 건 아닌지 생각해봐야 한다. 나는 누구이고 어떻게 살아왔으며, 어떤 삶을 살고 싶은지 한 번은 물어봐야 한다. 중년기는 자기 내면을 들여다보고 사회에서 써온 수많은 가면이 진짜 내가 아님을 깨달아가는 때이기 때문이다. "누가 진짜 나일까?"

그래도 달리는 세상의 모든 아버지, 그리고 부모

다음 세대에게 무엇을 줄 수 있을지 고민하는 중년기의 발달과업을 그림책 『코끼리 아저씨와 100개의 물방울』(노인경, 문학동네)과 함께 이야기해 보려고 한다. 100개의 물방울이 가득 든 물동이를 머리에 인 코끼리 아저씨는 아이들에게 물을 먹이기 위해 자전거를 타고 집으로 가는 중이다. 가뭄 끝에 집에서 기다리고 있을 아이들을 생각하면 마음이 바쁘다. 뜨겁게 내리쬐는 뙤약볕에 금방 지치고, 귀신이 숨어 있을 것 같은 캄캄한 동굴을 지나고, 절벽에서 떨어지는 사고도 당하면서 물을 지키기 위해 고군분투한다. 벌 떼에게 쫓기고, 무서운 뱀을 만나고, 기린과 새들에게 소중한 물을 도둑맞기도 한다. 그래도 안타까운 사정이 있는 개미 떼를 만났을 때는 소중한 물을 나눠줄 줄 아는 코끼리 아저씨다. 텅 빈 양동이를 보며 굵은 눈물이 한 방울 떨어진다. 하늘도 감동했는지 오랜 가뭄을 끝내는 단비가 내린다. 마침내 코끼리 아저씨는 아이들에게 100개의 물방울을 가져다줄 수 있었다. 이 코끼리 아저씨의 이름은 뚜띠(Tutti), 즉 '모든' 아빠들이다.

노인경 작가도 '가끔 겁이 많고 느리고 눈치 없던 자신의 아빠'를 떠올리며 이 그림책을 만들었다고 한다. 중년기의 아버지, 또한 우리 부모들은 자녀를 낳아 기르기 위해 최선의 노력을 다한다. 고단한 삶 가운데에서도 자녀의 웃음 한 번에 피로가 풀리고, 좀 더 나은 환경에서 자녀를 기르기 위해 밤낮없이 일터에서 수고한다. 코끼리 아저씨 뚜띠는 요령도 없고 겁도 많은 성격인 것 같다. 하지만 목마른 아이들에게 물을 가져다주기 위해 두려움과 고난을 이겨내고 앞으로 나아간다. 가끔 눈치가 없어 짜증 났지만, 아빠가 말해주지 않던 아빠의 하루를 그려보며 슬며시 웃음이 났다는 작가의 말에서 아빠를 향한 사랑과 자녀를 향한 아빠의 사랑이 느껴진다.

　IMF 외환위기로, 코로나 바이러스 창궐로 아찔한 시기를 보낸 중년의 부모세대는 예측불허의 시대를 온몸으로 견디며 가정과 사회를 지켜내고 있다. 한편으로 어려움을 당한 개미들에게 물방울을 나눠주는 마음씨 고운 코끼리 아저씨처럼 중년기의 보람은 이웃을 돌아보고 다음 세대를 응원하며 지역사회에 봉사하는 일이다. 서툴러도 돌보려는 굳은 의지로 헌신하는 모습은 결국 자신에게도 삶의 의미를 찾게 하고, 선한 영향력을 미치려는 노력은 오히려 베푸는 사람에게 더 큰 만족감을 준다. 눈물 한 방울이 흐를 때 비가 내리는 모습과 단비가 내릴 때 양동이를 받치고 물방울을 모으는 코끼리 아저씨의 간절한 모습, 두 눈에 눈물이 가득 고인 모습이 참 인상적이다. 양동이에 물방울이 가득하고 코로 분수처럼 물을 뿜으며 웃는 아저씨의 모습은 아름답고 불완전한 중년의 애씀과 헌신과 사랑을 잘 보여준다.

　『코끼리 아저씨와 100개의 물방울』은 그림책에서 보기 힘든 픽셀 아트 그림책이다. 무수한 픽셀이 모여 집에서 아빠를 기다리고 있을 아이들에게 반드시 물을 먹이겠다는 코끼리 아빠의 간절한 마음을 표현하고 있다. 수많은 조각이 모여 배경이 되고, 동물과 식물이 되고 코끼리 아저씨가 가는 길이 된다. 우리의 수많은 시간이 모이고 모여 삶의 태도와 가치관이 되고, 자녀를 키우고, 직업적 기술을 전수하고, 새로운 문화를 창조하도록 길을 만들고 있다. 부모도 때로는 무섭고 부족하고 서툴고 답답하고 느리지만 그래도 열심히 그 길을 달리고 있다. 더 좋은 미래를 다음 세대에게 물려주기 위해서 씩씩하게, 기꺼이.

내 아이에게
주고 싶은 것

군 입대 백일이 안 된 아들을 둔 지인을 보며 한참을 웃은 적이 있다. 매일 아침 군 어플에서 그날의 식단과 훈련 내용을 확인하고 앨범에서 아들을 찾고, 제대가 며칠 남았다는 안내 문구를 본다. 게시판에 부모들이 남긴 글은 놀라웠다. 사진 속 아들이 왜 안경을 쓰지 않았는지 묻는 글, 아들 사진이 별로 없다며 올려달라는 글 등 마치 처음 유아 기관에 어린 아이를 보낸 엄마들의 모습과 비슷했다.

부모를 표현하는 용어가 늘어나고 있다. 너무 사랑해서 자식 바보라고 불리는 도치맘, 과잉보호하는 엄마로 자녀의 일에 지나치게 간섭한다는 헬리콥터맘, 자식이 원하는 건 무엇이든 들어주고, 성공을 위해 장애물까지 치워준다는 잔디깍이 맘까지 다양하다. 갓 태어난 아이는 무력한 존재로 모든 순간 부모의 도움이 필요하다. 하지만 아이가 자라 스스로 할 수 있음에도 알아서 해주는 부모가 있다. 최소한의 실패 또는 최대의 성공을 위해 아이가 해야 할 선택까지 다 해주는 부모에게 자란 아이는 의존적인 성격을 갖게 될 수밖에 없다. 부모 또한 자식과의 분리 불안을 견디기 어려울 것이다.

꽃길만 걷게 해야 할까요?

중국에서 전해 내려오는 옛이야기로 만든 그림책 『빈 화분』(데미, 사계절)은 꽃과 나무를 좋아하는 임금 이야기로 시작된다. 후계자 선정을 고민하던 임금은 방을 내리고 꽃을 잘 가꾼 아이에게 임금 자리를 물려준다고 선언한다. 나라의 모든 아이가 꽃씨를 받아 화분에 심는다. 꽃 가꾸기를 좋아하는 핑은 예쁜 꽃을 피울 자신이 있었다. 핑은 정성을 다해 키우지만 웬일인지 싹은 올라오지 않는다. 새 흙을 갈아주고 기다렸지만 어떠한 변화도 일어나질 않았다.

일 년이 지나 꽃 화분을 가져가야 하는 날이 다가오자 초조해하는 핑. 핑의 빈 화분을 본 한 친구는 "넌 빈 화분이니까 못 가겠네?"라며 놀리고 스스로 못난이가 된 듯한 기분이 든 핑은 시무룩해진다. 핑의 아버지는 "정성을 다했으니 됐다. 네가 쏟은 정성을 임금님께 바쳐라"라고 핑을 위로하고 아버지 말을 들은 핑은 빈 화분을 들고 간다. 화려하고 아름다운 꽃 화분들 사이에 빈 화분을 들고 있는 핑을 발견한 임금. "왜 빈 화분을 가져왔느냐?"라는 질문에 핑은 아버지의 말씀대로 정성껏 키웠지만 싹이 나지 않아 빈 화분을 들고 오게 되었고 빈 화분이 자신의 정성이라고 말한다. 그러자 임금은 빈 화분을 보고 웃으며 "내가 너희들에게 준 씨앗은 모두 익힌 씨앗이니라. 그러니 싹이 틀 리가 있겠느냐? 빈 화분에 진실을 담아 나타난 핑의 용기는 높이 살 만하다. 이 아이를 왕으로 삼을 것이다"라고 말하며 그림책은 끝이 난다.

내 아이를 꽃길만 걷게 해주고 싶은 마음은 모든 부모의 바람일 것이다. 하지만 성장하면서 해결해야 할 수많은 문제가 아이를 기다리고 있다. 그것을 당연한 듯 부모가 해결하려고 한다면 그것이 진정한 부모, 어른의 역할이라고 할 수 있을까?

앞에 나열된 '~맘'이 아닌 그림책 속 핑의 아버지처럼 아이가 스스로 해결하는 방안을 찾을 수 있도록 지켜봐주는 든든한 조력자, 조언자의 역할을 우리 어른들은 해야 한다.

진정한 지지와 응원

그림책 『작은 눈덩이의 꿈』(이재경, 시공주니어)에는 큰 눈덩이로 비유되는 다양한 어른의 모습이 나온다.

"아저씨는 어떻게 그렇게 커요?"라고 질문하는 작은 눈덩이. "그냥 굴렸을 뿐이야"라고 대답하는 큰 눈덩이 아저씨.

작은 눈덩이는 큰 눈덩이의 대답을 듣고 어디로 가야 할지 정하지는 않았지만, 눈밭을 구르기 시작한다. 나뭇가지에 찍히기도 하고 너무 빨리 굴러 무섭기도 했지만 도움을 준 까마귀와 함께 자신이 원하는 길을 간다. 하지만 가는 길에 만난 큰 눈덩이들을 보며 갈등을 겪게 된다.

'그렇게 굴러봤자 결국 이럴 거야'라고 하는 부서진 큰 눈덩이, 힘들게 가지 말고 자신에게 붙으라며 눈덩이를 덕지덕지 붙이며 유혹하는 울퉁불퉁한 눈덩이, 눈은 원래 녹는 거라며 애쓰지 말고 잠이나 자라고 말하는 녹아가는 눈덩이.

작은 눈덩이는 이제까지 만난 여러 큰 눈덩이처럼 될까 봐 괴로워한다. 그 모습을 본 까마귀는 "난 네가 큰 눈덩이가 될 거라고 믿어"라고 말하며 작은 눈덩이를 진심으로 위로하고 응원한다. 그러던 어느 날 "어떻게 하면 그렇게 크고 멋진 눈덩이가 될 수 있어요?"라고 묻는 작은 눈덩이를 만난다. 작은 눈덩이는 어느새 크고 멋진 눈덩이가 되어 있었다.

그림책 『달려!』(다비드 칼리 글, 마우리치오 A. C. 콰렐로 그림, 책빛)는 허구한 날 친구들과 싸움을 해 '노터치 레이'라고 불리는 흑인 소년 레이와 그런 레이에게 새로운 삶을 선물해준 챕맨 교장 선생님의 이야기이다. 그림책은 '누가 오늘 같은 날이 오리라고 짐작이나 했을까?' '나는 모든 것에 모두에게 화가 나 있었어! 나는 세상이 다 싫었어'라며 시작한다. 여느 날처럼 친구와 싸움을 벌여 레이는 새로 부임한 챕맨 교장 선생님을 만난다.

선생님은 "네 나이 땐 서로 툭 하면 싸움을 걸고 자주 싸우지. 그건 자신이 가진 에너지로 뭘 해야 할지 몰라서 그러는 거야. 난 모든 사람이 달린다면 전쟁도 사라질 거라고 확신해"라며 레이가 에너지를 올바르게 발산할 수 있도록 이끌어 주신다. 레이는 선생님의 권유로 권투 선수가 되기 위해 달리기 훈련을 시작한다. 그렇게 시작한 달리기는 시합까지 이어지고 첫 경기에서 우승하게 된다. 이후 마라톤에 도전한 레이는 완주하게 되고 비록 1등은 아니지만 마라톤으로 큰 교훈을 얻는다. 결승점에 도착한 레이를 바라보는 선생님의 눈을 보며 '인생이란 바로 그런 것이란다. 때로 이기지는 못해도 끝까지 최선을 다하는 거야'라는 선생님의 마음을 알게 된다.

넘치는 에너지를 조절하는 법을 알게 된 레이는 행복을 찾는 과정에서 곁을 지켜준 챕맨 교장 선생님과의 특별한 수업을 기억하며 마침내 교장 선생님이 된다. 그 시절 자신과 닮은 넘치는 에너지를 가진 아이가 호흡을 잘 조절할 수 있도록 함께하며 이야기는 끝이 난다.

중년을 내적 전환 시기로 보았던 융과 달리 에릭슨은 외적으로의 전환 시기로 보았다. 성숙한 중년은 자녀를 낳아 기른다. 또한 『작은 눈덩이의 꿈』의 까마귀와 『달려!』의 챕맨 교장 선생님처럼 젊은 세대를 지도하고 지역사회에 도움이 되는 일을 함으로써 인생의 중요한 측면을 통해 다음 세대를 인도하게 된다.

반면 심리적으로 성숙하지 못한 중년은 『작은 눈덩이의 꿈』에 나오는 자신을 따르라는 큰 눈덩이처럼 심리적 발달이 침체되는 것을 경험하게 된다. 그들은 자기도취적이거나 자신의 인생과 일이 쓸모없거나 시시하다고 생각한다.

믿음이라는 양분

주말부부에 맞벌이로 바빴던 나는 두 아이를 잘 챙겨주지 못한 미안함이 컸지만, 아이들이 스스로 하길 바라며 기다려주었다. 솔직히 말하면 내가 생각하고 계획한 대로 하고 싶은 마음은 굴뚝 같았지만, 너무 바빴던지라 그럴 체력도 여유도 없었다. 만약 에너지가 되었다면 분명 아이들을 내 틀에 맞춰 양육했을 것이다. 지금 생각해보면 그러지 못한 것이 아이들을 위해서 다행일지도 모르겠다.

'물고기를 그냥 주면 하루만 배부르게 할 것이고, 물고기 잡는 법을 가르쳐준다면 평생을 배부르게 할 것이다'라는 말이 있다. 바쁜 엄마로 인해 스스로 해야 할 일이 많았던 두 아이는 자신만의 방법으로 물고기 잡는 법을 알게 된 것 같다.

힘든 사춘기를 끝내고 자신의 꿈을 위해 한 학년 아래로 새로 입학을 하게 된 큰아이는 작은 눈덩이처럼 열심히 구르기 시작했다. 아직 질풍노도의 시기를 겪고 있는 둘째 아이는 꿈이 자꾸 바뀌고 있어 뭘 할지 모르겠지만 자신이 가고 싶은 길을 열심히 탐색 중이다.

부모로서 아이에게 어떻게 해줘야 할지 고민하던 어느 날 아이들과 대화를 통해 답을 얻었다.

"엄마, 내가 중학교 때 선생님들하고 많이 했던 얘기가 뭔지 알아? 엄마 아빠는 무슨 일이 있어도 날 믿어준다는 거. 공부 못해도, 친구랑 싸웠을 때도 믿어줬잖아. 난 엄마 아빠가 날 믿어주는 게 제일 힘이 났어"라고 말한 큰아이.

작은아이와 그림책 읽는 시간을 종종 가진다. 『가만히 들어주었어』(코리 도어펠드, 북뱅크)를 같이 읽을 때였다. 이 책은 특별하게 만든 블록 작품이 갑자기 날아든 새로 인해 와르르 무너져 절망한 테일러의 모습으로 시작한다. 그런 테일러에게 여러 동물은 자신만의 방법으로 가르치려 한다. 호들갑을 떨며 어떻게 된 건지 말하라는 닭, 화나면 소리를 지르라는 곰, 고쳐주겠다며 어떤 모양이었는지 말하라는 코끼리 등 여러 동물이 다가오지만, 테일러는 누구와도 말하고 싶지 않다. 동물들이 모두 가 버리고 토끼 한 마리가 다가온다. 토끼는 따뜻한 온기로 테일러를 조용히 기다려준다. 그러자 테일러는 소리도 지르고, 기억도 하며 이야기를 하게 된다. 그러는 내내 토끼는 테일러 곁을 떠나지 않고 가만히 이야기를 들어준다. 그러자 테일러는 "나, 다시 만들어볼까?"라고 말하고 토끼는 고개를 끄덕인다.

그림책을 본 후 아이에게 책 속 동물 중 엄마 아빠가 누구와 닮았냐는 질문을 했다. 잠시 생각하던 아이는 토끼라며 "화를 내긴 하지만 내가 방황해도 날 기다려주고 믿어주기 때문에 토끼야"라고 작은 소리로 말해준 아이. 예상치 못한 대답에 눈물이 났던 기억이 아직도 생생하다.

그러고 보면 표현이 서툰 우리 부모님도 그러셨다. '아빠가 있으니까 무슨 일이 있어도 걱정하지 마! 아빠가 우리 딸 많이 사랑하는 거 알지?'라며 사춘기를 보내고 있는 나에게 처음으로 마음을 편지로 전해준 아빠.

대학 시절 "엄만 내가 뭘 하는지 궁금하지 않아? 왜 묻지 않아?"라고 묻는 나에게 "엄마가 딸을 믿어야지! 난 내 딸 믿어"라고 하셨던 엄마.

바람이 있다면, 우리 아이들이 성인이 되어 가정을 이루게 되었을 때 이것만은 전수되었으면 한다. 각자의 아이를 있는 그대로 믿고 기다려주는 것! 그것이 얼마나 큰 양분이 되는지 본인들도 알고 있을 테니 말이다.

자아통합감 대 절망감
(64세~사망)

◇

나는 평생에 한 일과 역할에 대해
만족할 수 있는가

내 삶의 완성

에릭슨의 발달단계에서 종착역인 노년기는 대략 60세 이후부터 사망할 때까지이다. 과학과 의료기술이 비약적으로 발전하는 현대사회의 상황으로 보자면 발달단계 중에서 가장 긴 기간일 수도 있겠다. 이미 전 인구의 20퍼센트 이상이 노인인 초고령화 사회에 접어든 우리나라는 OECD 국가 중 자살률 1위라는 불명예를 20년간 안고 있으며 노인 자살률 또한 1위다. 노년기 발달과업인 자아통합과 위기인 절망감에 대한 심도 있는 접근이 매우 중요하게 다뤄져야 할 때이다.

내가 사는 마을에는 교직 생활 은퇴 후 마을도서관 유치를 위해 열일을 제치고 뛰어든 분이 있다. 남편을 사고로 여의고 반려견을 딸처럼 키우며 매일 새벽 수영을 15년째 다니는 씩

씩한 어르신도 있다. 병든 부인 따라 올라온 아들네 집에서 며느리 구박을 소일 삼아 하다가 아들 부부를 이혼 위기에 빠뜨린 심술궂은 어르신도, 나날이 쇠약해지는 몸과 마음을 비관하여 두문불출하는 안타까운 어르신도 있다. 모두 내 주변에서 만나는 70, 80대 어르신들이다. 이처럼 다른 삶의 모습은 어디에서 비롯되는 것일까?

노년기까지 발달단계를 확장한 에릭슨도 90세가 가까워지기 전까지는 사실 노년의 어려움을 잘 몰랐다고 한다. 자신이 90세가 되자, 미래에 대한 시야가 좁고 불분명해졌고, 충분히 예상하며 담담하게 받아들여 왔던 죽음의 문이 그리 멀지 않은 곳에 있다는 걸 실감했다고 고백했다. 하지만 에릭슨은 노년을 경험하면서 노인에게는 꺾이지 않는 '그 무엇'이 있다고 말했다. 그것을 '변치 않는 핵심'이라고 불렀다. 그는 삶 전체가 자기 성장의 과정이며, 인간은 정신이 죽음을 맞이할 때까지 계속 발달 과정 안에 있다고 보았다.

가까이 있는 것을 찾아 멀리 떠날 때도 있다

그림책 『보물』(유리 슐레비츠, 시공주니어)은 자기 집 아궁이에 있는 보물을 발견하기 위해 신발창이 다 닳도록 멀리 여행을 떠났다가 돌아오는 가난한 노인의 이야기다. 세 번이나 같은 꿈을 꾸게 되자 보물을 찾아 길을 떠난 노인 이삭은 왕궁 앞

다리에 도착한다. 선뜻 보물을 찾을 엄두를 내지 못하고 서성이던 노인은 "이삭이라는 사람 집 아궁이 밑에 보물이 있다"는 꿈을 꾸었다는 보초 대장의 말을 듣고 자기 집으로 돌아가 보물을 발견한다.

고단하지만 익숙한 삶의 자리에서 떠나는 용기와 끈기, 겸손함과 결단력이라는 미덕을 갖추었기에 결국 자기 집 아궁이의 보물을 발견하게 된 것은 아닐까. 노인의 삶에서 얻은 경륜이 로고 힌트(logo light)가 되어 과거, 현재, 미래를 통합하는 삶의 정수를 비로소 발견하게 된 것이리라. 로고 힌트는 로고테라피(의미치료)라는 심리학 이론을 창시한 빅터 프랭클의 심리학 용어로, 나 자신이 의미 있는 존재임을 발견해가는 과정을 도와주는 지혜를 말한다. 이삭이 찾은 '보물'은 내 삶을 온전히 살아낸 자신으로의 통합이고 깨달음이고 수용이라 할 수 있다. 끊임없는 자기 성장의 과정이 자기 집 아궁이의 보물을 발견하게 한 것이다. 결국 우리 집 아궁이 속의 보물은 의미 있는 나에 대한 재발견이다.

8단계는 죽음에 도달하는 과정이며, 자아통합의 시기이다. 이 시기의 발달과업은 '나는 내 평생에 한 일과 역할에 만족하는가'이다. 평생을 돌아봤을 때 삶의 의미와 가치를 깨닫는다면 '그래도 잘 살았구나. 죽어도 여한이 없다'라는 말을 할 것이다. 우리도 삶의 의미를 발견하기 위해, 내 집 아궁이의 보물을 찾기 위해, 오늘도 삶의 여정 가운데 서 있다고 할 수 있다. 이삭이 보물을 발견하고 기둥에 새겨넣었던 "가까이 있는 것을 찾아 멀리 떠날 때도 있다"라는 말을 새기면서 나는 보물을 찾아 어디쯤 서 있는지 생각해 본다. 노년기에 후회보다는 만족감과 평온함을 누리고 싶기 때문이다.

세상을 좀 더 아름답게 만드는 나만의 방법

 노년기가 되면 자연스럽게 자기 삶을 돌아보고 정리하는 시간을 갖게 된다. 회한과 후회가 남기도 하고, 그런대로 잘 살았다고 미소를 지을 수도 있다. 그림책 『미스 럼피우스』(바버러 쿠니, 시공주니어)는 예술가 할아버지에게서 '세상을 좀 더 아름답게 만드는 사람이 돼라'라는 말을 들으며 자란 꼬마 앨리스가 어른이 되면서 할아버지와 약속한 일을 이루어가는 이야기다. 꼬마 엘리스는 할아버지와 약속했던 세 가지 일을 이루며 살아간다. 어른이 되어 먼 곳에 가보는 것, 할머니가 되면 바닷가로 돌아와 사는 것, 할아버지가 말한 세상을 좀 더 아름답게 만드는 것. 도서관에서 일하고 만년설이 덮인 곳까지 여행도 하며 지내다가 미스 럼피우스로, 루핀 부인으로 인생의 여정을 마무리하는 노년기를 맞이하게 된 주인공은 긴 여정을 마치고 고향으로 돌아온다. 힘들었던 겨울이 지나고서야 아픈 몸을 일으킨 미스 럼피우스는 정원에 핀 루핀꽃이 해가 바뀌면서 마을 언덕까지 여기저기 피는 것을 보고는 할아버지와의 약속을 떠올린다. 여름 내내 미스 럼피우스는 루핀 꽃씨를 마을 여기저기 뿌리기 시작한다. '정신 나간 늙은이'라고 불리면서도 아랑곳하지 않고 온 마을에 루핀 꽃씨를 뿌린다. 이듬해 봄, 온 마을에는 루핀꽃이 가득했고 이제 미스 럼피우스는 가장 어려운 세 번째 일을 해낸 것이다. 자신의 이야기를 귀 기울여 듣고 있는 손녀 엘리스에게도 '이 세상을 좀 더 아름답게 만드는 일을 하라'며 당부한다. 그만의 방법으로 세상을 아름답게 만들어가는 모습이 참 아름답고 귀하다.

내게도 꼬마 엘리스의 할아버지와 같은 존재가 있었다. 60세에 하와이에서 돌아와 전쟁고아들을 위한 고아원(지금의 보육원)과 학교를 설립하고 90세가 넘어서까지 봉사하는 삶을 산 왕 고모할머니. 아주 어릴 때 방문했던 할머니 댁의 냄새, 가늘게 떨리지만 다정했던 목소리, 초롱초롱하고 힘 있는 눈빛, 하얗고 마른 손등에 비친 푸른 핏줄까지 아직도 선명하게 떠오른다. 엄마를 통해 할머니 이야기를 전해 듣고는 어린 나이에도 그런 삶을 닮아야겠다고 결심했던 것 같다. 고모할머니는 내게 루핀 꽃씨를 심으셨던 거다. 루핀은 노랑, 파랑, 분홍 등 다양한 색의 꽃이 피는 생명력이 강한 여러해살이 식물로, 꽃말은 '삶의 욕구'다. 삶의 공허감에서 벗어나 의미 있는 삶으로 자아통합을 추구하려는 노년기의 욕구는 다른 발달단계에 못지않게 강렬하다. 인간은 누구나 행복하게 살다가 잘 죽고 싶다는 열망이 있기 때문이다. 미스 럼피우스는 긴 여행에서 돌아온 후 오래 아팠지만, 세 번째 약속을 깨닫고 나서 꽃씨를 뿌릴 때는 아팠던 허리도 나았다고 했다. 미스 럼피우스는 마을 사람들에게 칭송받으며 루핀 부인이 되었다.

 나는 좀 더 세상을 아름답게 하는 방법으로 '그림책 읽어주는 할머니'로 사는 노년기를 꿈꾼다. 좋은 그림책으로 세상과 소통하고 다음 세대에게 꿈 씨앗을 심어주는 노년기를 소망하며 스스로 다짐하는 이 순간, 지금의 중년기를 어찌 보내야 하는지가 선명하게 보인다. 누군가에게 '좀 더 아름다운 세상을 만드는 일'에 대해 이야기하며 바통을 넘겨줄 시간을 기대하며 루핀 꽃씨 대신 그림책 씨앗을 뿌리고 있다.

삶을 정돈하는
가장 따뜻한 방법

노년기는 인간의 발달단계에서 죽음과 가장 밀접한 시기로 볼 수 있다. 실존주의 심리치료사 어빈 얄롬은 노년기는 성찰을 통해 지혜를 얻는 시기로 자신의 죽음을 수용하며 의미를 찾는 매우 중요한 시기라고 했다. 죽음 준비는 노년기 삶의 질을 높여 풍요로운 노년기를 보내는 데 매우 중요한 역할을 한다. 노년기의 삶에서 죽음을 빼놓을 수 없으므로 죽음을 생각하고 죽음을 통해 어떻게 살 것인지를 고민하여 남은 삶을 의미 있게 살려는 노력이 꼭 필요한 것이다.

인간이라면 누구도 피할 수 없는 죽음은 시기를 예측할 수 없기 때문에 불안과 두려움을 동반한다. 스티브 잡스는 스탠

퍼드대학교 졸업식 연설에서 "죽음을 생각하는 것은 무엇을 잃을지도 모른다는 두려움에서 벗어나는 최고의 길"이라며 "인생의 중요한 순간마다 곧 죽을지도 모른다는 사실을 명심한다면 최고의 선택을 하게 될 것"이라고 했다.

미국 의학연구소는 좋은 죽음을 "환자 및 가족이 통증과 고통으로부터 자유로우며, 환자와 가족의 희망에 따르면서도 임상적·문화적·윤리적 기준에 합당하게 일치하는 것"이라고 정의한다. 2021년 한국 건강학회의 '좋은 죽음의 조건'에 관한 대국민 설문조사에서는 '가족에게 부담 주지 않는 것(37.0%)'과 '가족이나 의미 있는 사람이 함께 있는 것(24.6%)', '주변 정리가 잘 마무리되는 것(16.5%)', '지금까지의 삶이 의미 있게 생각되는 것(4.6%)' 순으로 중요하다고 응답했다. 한 논문에 따르면 죽음 인식에 따라 죽음 불안에 대한 자아통합감의 영향력이 달라진다고 한다. 노년기에 가지고 있는 좋은 죽음에 대한 인식 수준을 점검하는 것이 필요하다. 좋은 죽음에 대한 다양한 접근을 바탕으로 좋은 죽음을 인식하는 것이 죽음 불안을 완충하는 기제로 작용하기 때문이다.

모든 인간은 죽는다. 마르틴 하이데거가 『존재와 시간』에서 말해주듯이 "인간은 죽음을 향한 존재"다. 하지만 여전히 죽음은 혐오의 대상이자 사회적 금기로 작용한다. 품위 있는 죽음, 인간다운 죽음은 우리 모두의 기본권리다. 죽음을 생각한다는 것은, 내 삶은 무엇이고 어떻게 살아왔는지, 그 의미를 생각하면서 남은 삶은 어떻게 살아가야 하는지 생각해볼 수 있는 기회이자 삶에 의미를 부여하는 일이다. 피할 수 없는 죽음을 삶의 끝이라고 보기보다 삶의 완성으로 승화할 때 의미 있는 삶과 아름다운 마무리의 역설적 희망을 찾을 수 있게 되는 것이다.

인생에서 그림책을 세 번 읽어야 한다

일본의 논픽션 작가 야나기다 구니오는 인생에서 그림책을 반드시 세 번 읽어야 한다고 말한다. 어릴 때, 아이를 기를 때, 인생의 후반기에 접어들었을 때. 그는 인생의 후반기에 그림책에서 뜻밖의 새로운 발견, 즉 깊은 의미를 읽어낼 수 있다고 했다. 인생에서 중요한 것이 무엇인가에 대한 답을 그림책에서 퍼올릴 수 있다는 것은 인생의 후반기에 그림책으로 삶과 죽음을 통찰해 볼 수 있다는 의미로 해석할 수 있다.

그림책 『사과나무 위의 죽음』(카틀린 셰러, 푸른날개)은 죽음에 대한 과도한 두려움으로 절망하는 늙고 초라한 여우 할아버지의 이야기를 담고 있다. 탐스러운 사과가 주렁주렁 열리는 여우 할아버지의 사과나무는 숲속 동물들에게 인기 만점이다. 새들은 탐스럽게 익은 할아버지네 사과를 몽땅 먹어버린다. 할아버지는 동물들이 자기 사과를 빼앗아 간다고 생각하고 사과나무를 찾아온 동물들을 쫓아버리려고 했지만 아무도 할아버지를 무서워하지 않는다.

어느 날 여우 할아버지는 족제비 한 마리를 잡게 된다. 족제비는 자신을 풀어주면 소원 한 가지를 들어주겠다고 약속한다. 여우 할아버지의 소원은 사과나무에 손을 대는 동물은 무조건 사과나무에 철썩 달라붙어 버리는 것이었다. 여우 할아버지의 소원은 이루어졌고, 그 행복은 오래가지 못했다. 여우 할아버지의 사과나무에 이상한 주문이 걸렸다는 소문이 퍼지게 되고 아무도 사과나무를 찾지 않는다.

그러던 어느 날 '죽음'이 찾아왔다. 죽음이 두려웠던 할아버지는 한 가지 꾀를 내어 '죽음'을 사과나무에 달라붙게 했다. 덕분에 여우 할아버지는 사냥꾼의 총알도 피하면서 오래오래 살게 되었다. 여우 할아버지는 '죽음'만 피하면 행복할 거라고 생각했지만 혼자 남겨진 후로 너무 외롭고 쓸쓸했다. 여우 할아버지는 계속 늙어갔고 '죽음'은 계속 기다렸다.

엘리자베스 퀴블러 로스는 스위스 태생의 정신과 의사로 인간이 죽음에 직면했을 때 보이는 반응을 부정-분노-타협-우울-수용의 5단계로 개념화했다. 여우 할아버지는 유한한 삶을 사는 인생의 숙명 앞에 죽음을 부인하고 절망하면서 수용하지 못하는 모습을 보여주고 있다. '다들 죽는 걸 두려워하지만 이 세상엔 내가 꼭 필요하다'라고 죽음이 말한다. 죽음이 꼭 필요하다는 것은 무슨 의미일까. 라틴어로 '메멘토 모리'라는 말이 있다. '너 자신의 죽음을 생각하라', '반드시 죽는다는 것을 명심하라'는 뜻이다. 반드시 죽는다는 걸 인정하는 삶은 어떻게 달라질 수 있을까? 삶의 마지막 여정이 죽음이라는 사실을 수용하고 받아들일 수 있을 때 현재 우리의 삶을 더 온전히 살 수 있게 된다. 우리는 마지막 순간에 어떤 모습이기를 바라는지 끊임없이 묻고 답하는 과정에서 삶의 의미를 찾을 수 있게 되는 것이다. 우리는 유한한 삶을 살고 있기 때문에 '지금-여기'의 시간이 소중하다는 것을 인식할 때 오늘을 사랑하며 살 수 있다. 지나온 삶과 죽음에 대한 통합으로 자신을 잘 돌보고, 사랑하며 살아가는 것, 그것이 우리가 살아있음을 느끼고 삶의 의미를 찾는 길이 아닐까.

지인의 아버지는 70대에 갑작스럽게 몸이 아파서 대학병원 진료를 받았다. 이런저런 검사를 했지만 원인을 알 수는 없고, 몸은 아프다고 했는데 심각성을 간과하면서 지냈다고 한다. 결국 서울에 있는 병원에 가서 검사했지만, 결과를 보지도 못하고 며칠 만에 세상을 떠나셨다. 아버지의 병명은 폐암이었고 진료 결과를 알려주는 의사는 아버지가 매우 고통스러웠을 것이라고 했다. 그런 아픔을 알지 못하고 내뱉었던, 아버지가 서운했을 말들이 떠올라 너무 후회스럽다고 지인은 말했다. 준비 없이 갑작스럽게 맞이한 아버지의 죽음 앞에 지인은 오랫동안 아버지의 죽음을 부정하면서 힘들어했고 죽음을 인정하고 수용하기까지 꽤 오랜 시간이 필요했다. 언젠가는 죽음을 맞는다는 걸 잊지 말고 하루하루를 소중하게 보낼 수 있었다면, 평소에 하고 싶었던 말을 아낌없이 할 수 있었다면 상실에 대한 슬픔은 온전히 느끼되 후회라는 감정은 덜 하지 않았을까. 오늘이 마지막인 것처럼 살라는 말이 생각나는 순간이었다.

준비하는 죽음

자아통합은 인생에서 경험한 여러 일을 전체의 삶 속에 통합시키는 것으로 죽음을 두려움 없이 맞이하는 과정이기도 하다. 그런 의미에서 죽음을 생각한다는 것은 자연스럽게 죽음을 받아들이고 삶을 완성할 기회를 확보하는 일이라고 볼 수 있다. 엘리자베스 퀴블러 로스는 죽음은 성장의 마지막 기회이며 죽음을 준비하는 것은 인간이 살면서 수행할 중요한 작업이라고 했다.

2008년 개봉한 영화 〈버킷리스트: 죽기 전에 꼭 하고 싶은 것들〉에서는 죽음을 앞둔 두 주인공이 마지막 소원을 이루기 위한 버킷리스트를 실현하기 위해 여행을 떠난다. 주인공들은 이집트 피라미드에 올라, 고대 이집트인은 영혼이 하늘에 가면 신이 두 가지 질문을 한다고 믿었다는 대화를 나눈다. 첫 번째 질문은 '인생의 기쁨을 찾았는가?', 두 번째 질문은 '당신의 인생이 다른 사람들을 기쁘게 했는가?'이다. 주인공들은 죽음을 생각하면서 두 질문에 대한 해답을 통해 삶의 의미를 찾게 된다. 지나온 삶을 정리하면서 죽음에 대한 수용적인 태도로 자아통합을 이루어가는 주인공을 통해 좋은 죽음이 무엇인지 느낄 수 있는 영화다.

그림책『여행 가는 날』(서영, 위즈덤하우스)은 죽음을 준비하고 수용하면서 노년기의 통합을 이룬 할아버지의 이야기다. 어느 날 밤 늦은 시각 할아버지 집에 손님이 찾아온다. 할아버지는 마치 기다렸다는 듯이 손님을 반갑게 맞이하면서 부지런히 여행 떠날 채비를 시작한다. 먼 길을 가야 하니 달걀도 넉넉히 삶고, 묵은 때도 벗기고, 말끔히 면도도 한다. 아껴두었던 양복을 꺼내 입고, 장롱 밑에 모아둔 동전도 꺼내 여비를 준비한다. 손님은 그곳은 옷도, 돈도 필요 없다고 말하지만 먼 길 떠날 할아버지의 마음은 그렇지가 않다. 손님은 그곳에 가면 할아버지의 아내가 마중 나올 거라는 기쁜 소식을 전해주고, 할아버지는 주름지고 흰머리 가득한 자신을 아내가 알아보지 못할까 봐 걱정되어, 옛날 사진까지 꼼꼼히 챙긴다. "그런데 할아버지, 안 슬퍼요?"라고 손님이 물어보자 할아버지는 "슬프기는 미안하지. 남겨진 사람들이 슬퍼할까 봐 그게 미안해"라고 말하면서 그리운 사람을 만나러 가는 길이니 걱정하지 말라고 한다.

할아버지는 두려움 없이 삶을 정리할 수 있는 용기를 어떻게 가질 수 있었을까? 할아버지는 '죽음은 삶이다'라는 말처럼 죽음을 삶의 일부이자 자연스러운 과정으로 인식하고 기꺼이 수용하는 성숙한 자세를 잘 보여주고 있다.

삶의 마지막 순간에 어떤 의미를 부여하느냐에 따라 우리의 죽음도 달라질 수 있다. 그러므로 어떻게 살 것인지, 의미 있는 삶이란 무엇인지, 다가올 죽음을 어떻게 맞이할지 관심을 기울이는 것이 인간다운 죽음의 기본권리를 누리는 길일 것이다.

삶을 정돈하는 데스클리닝

스웨덴의 데스클리닝 전문가 마르가레타 망누손은 저서 『내가 내일 죽는다면』에서 삶을 정돈하는 가장 따뜻한 방법인 '데스클리닝'에 대해 이야기한다. 스웨덴 말로는 '데스테드닝'인데 '데'는 죽음을, '스테드닝'은 청소를 뜻한다고 한다. 그러니까 '살아있는 동안 자신이 소유한 물건을 분류하고 정리한다'라는 의미이다.

죽음을 가정하고 주위를 정돈해보면 말이에요.
앞으로의 인생은 훨씬 빛날 거예요. 정말로.

-『내가 내일 죽는다면』 중에서

　데스클리닝을 통해 내가 가진 것을 점검하고 불필요한 것을 처분함으로써 삶의 가치와 의미에 대해 성찰하는 것은 웰다잉을 준비하는 좋은 방법이라는 생각이 든다. 오늘 나는 내 삶을 정돈하는 데스클리닝을 통해 무엇을 버리고 무엇을 얻을 수 있는지 깊이 사유해보게 되는 순간이다.

오늘을 살아가세요, 눈이 부시게

몇 년 전 어느 더운 여름, 형부가 뇌출혈 수술 중이라는 연락을 받았다. 출근 준비 중에 욕실에서 이상하게 '씩—씩—'거리는 소리가 나서 언니가 가봤는데, 형부가 떨어뜨린 면도기를 잡지 못하고, 손놀림도 이상하고, 말하는 것도 평소 같지 않았다고 한다. 이상하다고 느낀 언니는 면도 거품을 씻겨주고 셔츠 단추를 채워주고 택시를 불러 응급실로 달려갔다. 2시간여 걸린다는 수술은 6시간 정도 지나서야 끝났고, 중환자실에서 열흘 만에 일반 병실로 옮겼다. 중환자실을 나오기 얼마 전부터 조금씩 컨디션이 좋아진 형부의 얼굴은, 가끔 알 수 없는 표정일 때가 있었다. 어느 날은 갑자기 언니의 손을 잡더니,

"그날 그냥 출근했으면 어떻…" 하고 말을 잇지 못했다고 한다. 아! 의식이 돌아오고, 컨디션이 좋아지기 시작하니까 그날의 시간을 돌아보게 되었나 보다. 다시 생각해보니 아찔했으리라. '왜 내가 병원에서 이러고 있나' 싶기도 했을 테고. 수술이 잘 끝나고 회복되어 다시 일상으로 돌아온 언니 부부는 짜게 먹지 마라, 운동해라, 관리해야 한다… 등등 잔소리를 해가며 예전과 비슷한 시간을 보내고 있다.

우리가 바라는 것은 평범한 일상

몇 년 전, 코로나19가 확산되면서 대구는 긴급 상황을 겪게 되었다. 한 의료진의 긴급 호소문으로 많은 의료진이 자원봉사를 갔고, 한 방송에서 의료진과 인터뷰를 했다. 인터뷰 끝에 공통으로 했던 질문이 "코로나19가 끝나면 가장 하고 싶은 일은 무엇일까요?"였다.

"다시 일상으로 돌아가서 평화롭게 커피를 마시고 싶습니다."

"커피 마시고 싶고 공원 같은 데 놀러 가서 맑은 공기 좀 쐬고 싶어요."

"빨리 이 사태가 마무리돼서 집으로 돌아가 가족들을 보고 싶어요."

아! 모두가 간절히 바라는 것은 평범한 일상이었다.

그림책 『인생은 지금』(다비드 칼리 글, 세실리아 페리 그림, 오후

의소묘)에는 "드디어 은퇴야! 이제 우리 마음대로 살 수 있어"라고 기뻐하는 할아버지와 그의 아내 이야기가 나온다. "드디어!"라는 단어에서 그동안 일만 하며 바쁘게 살아온 할아버지의 인생을, 할아버지 옆에서 바쁜 일상 이외의 다른 여유는 부려보지 못했을 할머니의 인생을 엿볼 수 있다. 이제 "드디어!" 여행도 할 수 있고, 외국어도 배울 수 있고, 악기도 배우면 좋겠다고 말하는 할아버지와 여행은 봄에 가자며 바닥만 바라보는 무표정하고 무기력해 보이는 할머니. 언어 감각도 없는데 외국어를 뭐 하러 배우냐, 음악에는 소질도 없다고 하는 할머니의 푸념인지 원망인지 모를 말은 계속된다. 설거지는 쌓여 있고, 집 안은 어질러져 있고, 오늘은 청소를 마저 해야 하고, 돌봐야 하는 개가 있다. '지금은 말고, 내일'이라고 말하는 할머니의 눈에만 이런 게 보이는 걸까? 할머니의 끝없는 이유와 핑계에 할아버지는 "왜 자꾸 내일이래? 인생은 오늘이야. 다 놔두고 가자"라고 재촉한다.

"드디어 은퇴야!"라고 말하는 할아버지의 은퇴 전까지의 삶. 할아버지와 할머니가 살아온 그 시간 속에 우리의 모습 혹은 우리 엄마와 아빠의 모습이 들어 있지 않을까? 나이 든 나에 대해, 내 삶에 대해 많은 생각을 하게 되는 그림책이다.

자신의 아버지보다 10년을 일찍 떠난 나의 아빠. 30대에 사랑하는 아이들을 두고 먼저 간 두 친구. 오십에 뇌수술을 받고 며칠을 중환자실에 있었던 형부. 가까운 사람들과 갑작스러운 이별, 크고 작은 상실을 30대 초반에 경험했다. 뉴스에서 접했던 사건 사고와 죽음을 보며, 죽음에는 순서가 없음을, 사람은 누구나 죽는다는 사실을 다시 한번 각인하며, 조금은 의연하게 이별과 상실을 받아들이게 되었다. 이것은 삶이 허무하고 회의적임을 말하는 것이 아니다. 다만, 눈부신 '오늘'을 사는 것이라고 표현하고 싶다.

남은 몇 달을 어떻게 살 것인가 하는 문제는 내 선택에 달렸다. (…) 두렵지 않은 척하지는 않겠다. 하지만 내가 무엇보다 강하게 느끼는 감정은 고마움이다.
나는 사랑했고, 사랑받았다. (…) 나는 읽고, 여행하고, 생각하고, 썼다.
세상과의 교제를 즐겼다. 특히 작가들과 독자들과의 특별한 교제를 즐겼다.

-올리버 색스, 『고맙습니다』 중에서

죽음을 앞두고 「뉴욕 타임스」에 기고했던 네 편의 에세이를 엮은 올리버 색스의 책 『고맙습니다』에 수록된 글이다. 올리버 색스는 이 책에서 나이 듦, 병듦, 그리고 죽음에 대한 사색을 담담하고 따뜻하게 이야기한다. 남은 몇 달의 삶을 가능한 가장 풍요롭고 깊이 있고 생산적인 방식으로 살고 싶다는 희귀병에 걸린 의사의 마지막 글-좋은 사람을 만나고, 즐거운 삶을 살았다는 것에 대해 감사함을 표현하는-에서 우리가 일상을 살아가며 무엇을 중요하게 여기는지 생각해보면 좋겠다.

'지금, 여기'를 살기 위해

에릭슨의 심리사회적 발달 중 8단계 노년기의 발달과업은 통합감이다. 노인들은 지나온 삶을 후회하기도 하겠지만, 너무 좌절감에만 빠지지 않고 평안함을 유지하며, 다가오는 죽음을 의연하게 받아들인다면 자아통합감을 이루게 된다. 이루지 못한 일에 대한 후회보다는 자기 삶을 있는 그대로 수용하는 것을 '지혜'라고 한다. 에릭슨은 지혜를 지식, 즉 지적인 부분만이 아니라 어떻게 살아야 하는지를 알고, 자신이 살아온 삶의 종말로 죽음을 받아들이는 것을 포함한다고 했다. 이 단계에서 발달하는 미덕을 지혜라고 했다. 살면서 원망과 후회, 상처도 있겠지만,『인생은 지금』의 할아버지는 말한다. "인생은 쌓인 설거지가 아니야. 지금도 흘러가고 있잖아. 가자!"

"드디어 은퇴야!"라고 말하는 할아버지에게 애쓰면서 바쁘게 살았던 지나간 시간이 후회로 남은 과거일지도 모르겠다. 그렇기에, 지혜롭게 지금을 충실히 보내려는 게 아닐까? 또 이대로 지나고 나면 이 순간 역시 후회로 남을 과거가 될지 모르기에.

상담심리학 공부를 하며 상담에서 중요하게 언급하는 'here&now'가 쉽게 이해가 됐던 이유는 30대에 이미 많은 상실을 경험하며 후회 안 하려고 '지금, 이 순간을 잊지 말자'라고, 몸으로 체득했기 때문이다. 그러다 인생 드라마 〈눈이 부시게〉를 만났다. 그리고 내가 운영하는 '책방오늘'의 시그니처, 책방 문을 열고 들어오면 정면에 보이는 메시지를 매일 마음에 새기고 다짐한다.

"오늘을 살아가세요, 눈이 부시게!"

물론 "오늘, 여기, 지금"의 중요성이 처음부터 '맞지, 맞아!' 하고 공감됐던 것은 아니다. '아는데 안 돼!'라는 생각이 정말 많이 들었다. 드라마나 책을 통해, 살면서 이별과 상실을 경험하면서 조금씩 조금씩 생각을 바꾸게 되었다. 상담사이자 영적 지도자인 에크하르트 톨레는 『지금 이 순간을 살아라』에서 우리가 귀중하게 여겨야 할 것은 시간에서 벗어난 한 지점인 '지금'이라고 강조한다. 우리가 과거와 미래에 초점을 맞출수록 가장 소중한 '지금 여기'를 잃어버리게 된다고.

후회 될지 모를, 지나면 또 다른 과거로 남을 지금 이 시간을 충실히, 충만하게 보내기 위해 가족들과 함께하는 '의식' 같은 행위가 있다. 우스꽝스럽지만, 둥글게 어깨동무하고 사랑스러운 구호 같은 노래를 부른다. "누가 시켜서 하나, 내가 좋아서 하지. 즐거워~~즐거워~~ 에헤라 디야~~" 딸과 둘이서는 배꼽을 맞댄 충전 포옹으로 서로를 위로하고, 지지하는 응원과 사랑을 담은 격한 포옹을 자주 한다. 남편도 불러서 처음으로 셋이서 어깨동무 의식을 치르고 며칠이 지난 어느 날, 남편이 "다 모여!"라고 말해 우리는 어깨동무를 했고, 우리의 의식을 치렀다. 일하다가 문득, 며칠 전 그날의 장면이 떠올라 피식 웃음이 났다는 남편 얘기를 들으며 '지금 여기'의 작고 소소한 행복, 서로를 떠올렸을 때 미소 지을 수 있는 우리, 이거면 충분하다고 생각했다.

"하루에 5분, 5분만 숨통 트여도 살 만하잖아. 편의점에 갔을 때, 내가 문을 열어주면 '고맙습니다' 하는 학생 때문에 7초 설레고, 아침에 눈 떴을 때, '아, 오늘 토요일이지' 10초 설레고, 그렇게 하루 5분만 채워요. 그게 내가 죽지 않고 사는 법."

-드라마 〈나의 해방일지〉 염미정의 대사 중에서

그게 5분이었을지, 7분, 10분이었을지 모르지만, 남편이 그렇게 가족을 떠올리며 웃는 순간이 있다는 것. 그게 우리가 '죽지 않고 사는 법'이 아니라, '지금 여기를 충실히, 행복하게 사는 법'이다. 『인생은 지금』의 할아버지처럼 '인생은 지금이라니까'라고 말하며, 늘 한결같이 옆에 있는 사람들과 보통의 행복한 날을 보내고 감사하며 사는 것. 그렇게 산다면, 인생의 마지막에 자아통합감을 이루고, 만족감을 느끼게 되지 않을까. 그림책의 마지막 장면에서 할머니의 반전, 활짝 웃으며 할머니가 주체가 되어 달리는 모습에서 독자도 함께 쾌감과 만족감을 느끼게 되는 것처럼.

에필로그

우리 모두 '지금, 여기'를 살아가기를

이 책이 마무리되어 갈 무렵의 8월 어느 날, 엄마는 치매 검사를 했다. 세 번째 검사였다. 두 번째까지는 보건소에서 하는 문진표 검사를 했고, 치매 진단을 받지는 않았다. 이번에는 신경외과에서 진행하는 뇌 검사와 정신건강의학과에서 하는 우울증 검사까지 했다. 혼자 사는 엄마를 담당하는 사회복지사 선생님이 "엄마가 치매인 것 같은데 알고 있느냐?"라는 말을 했고, 안 그래도 부쩍 깜빡하는 일이 잦다 싶은 터라 내린 결정이었다. 한 달 사이에 깜빡깜빡하는 정도가 심해졌다. 고혈압 약을 잘 챙겨 드셔야 하는데 어떤 날은 건너뛰고, 어떤 날은 더 먹어서 세 자매가 돌아가며 엄마의 약을 챙기기로 했다.

내가 당번일 때는 그림책을 챙겨 엄마에게 갔다. 어느 날엔가 그림책 『알사탕』(백희나, 책읽는곰)을 들고 엄마에게 가서 읽어줬다.

혼자 노는 게 좋다는 동동이는 구슬치기를 하다가 새 구슬이 필요해 문방구에 간다. 문방구에서 처음 보는 새로운 구슬을 발견하는데, 문방구 할아버지가 '알사탕'이라고 알려준다. 알사탕을 사서 돌아온 동동이는 익숙한 무늬의 알사탕 한 알을 먹었다. 그랬더니 갑자기 거실에서 무슨 소리가 들린다.

익숙한 무늬라고 생각했던 알사탕, 그건 동동이네 집 거실에 있는 소파의 무늬였다. 소파가 그동안의 고충을 말한다. 깜짝 놀란 동동이는 평범한 알사탕이 아니라는 걸 알게 된다. '이거 정말 이상한 사탕이다!'라며, 기대와 호기심 가득한 얼굴로 알사탕을 하나씩 하나씩 먹는다. 알사탕을 통해, 들을 수 없었던 강아지(사실은 노견) 구슬이의 진심을 듣게 된다. 알 수 없었던 아빠의 진심(그림책 속 아빠의 말은 한 페이지 가득 잔소리로 가득하다)을 알게 되고, 말할 수 없었던 내 마음도 전할 수 있게 된다.

핑크색 알사탕을 먹었을 때, 동동이 할머니의 목소리가 들린다. 할머니는 재미있게 잘 지낸다며, 여학교 친구들 모두 만나서 옛날처럼 막 뛰어다니며 논다고, 동동이도 친구들이랑 많이 많이 뛰어놀라고 말한다.

그림책을 다 읽고 나서 엄마에게 보고 싶은 친구는 없는지, 그리운 추억은 없는지 물었다. 그리고 이런 '이상한 알사탕'이 있다면, 할머니(엄마의 엄마)에게 어떤 말을 듣고 싶은지, 할머니에게 어떤 말을 하고 싶은지 물었다. "우리 엄마는 그런 말 할 줄 몰라~~"라며 말을 아끼는 엄마에게 "물론 이런 사탕은 없어. 없지만, 있다면 무슨 말이 듣고 싶어~~?"라고 물으며 입 속에 '청포도' 알사탕 하나를 쏘옥 넣어줬다. 할머니의 목소리가 들리는, 그런 사탕이라고 생각하라고 말하며 "무슨 말이 듣고 싶어?" 다시 물었다. 그리고, 듣고 싶다는 그 말을 엄마의 귀에다 대고 나지막이 말해줬다. "영숙아~~ 사랑해~~"

여든이 넘은 엄마는 에릭 에릭슨이 말하는 '자아통합'을 이룬 노년기를 보내지 못하고 있다. 이미 몇십 년 전에 돌아가신 엄마와 남편에 대한 원망, 지나간 시간에 대한 후회로 무기력한 시간을 보내고 있다. 엄마는 큰언니만 좋아했고, 둘째인 자신에게만 밭일을 시켰다고 원망스러워했다. 언니는 왜 그랬는지 모르겠다며 큰이모도 원망했다. 그러고 보면 밭일은 정말 둘째인 엄마만 했는지, 큰이모는 피부가 새하얗다.

그런 엄마에게서 좋았던 추억, 재미있었던 일, 보고 싶은 친구들 기억을 떠올리게 하고 싶었다. 보고 싶은 친구는 있는지, 이제라도 연락하면 만날 수는 있는지, 만나면 무엇을 하고 싶은지…. 그리고 할머니에게서 듣지 못했던 말, 그 말을 나라도 자주 해드리고 싶었다.

에릭슨이 말하는 1단계 발달과업 애착은 그래서 너무나 중요하다. 엄마에게 사랑받지 못했다고 생각하는 어린 영숙이는, 엄마는 큰언니만 이뻐했다고 생각하는 어린 영숙이는 여든이 넘어서도, 돌아가시고 안 계신 언니와 엄마를 미워하고 원망한다. 그때의 영숙이가 엄마에게 듣지 못한 말, 돌아가시고 안 계셔서 결국은 엄마에게는 듣지 못하는 그 말을 딸인 내가 대신 넘치게 해드리려 한다. 알사탕을 입에 문 여든이 넘은 영숙이는 "영숙아~~ 사랑해~~"라는 딸의 귓속말에 "홍홍홍홍~~~" 행복한 듯, 기쁜 듯 소리 내어 웃는다.

첫째 언니가 주말에 엄마와 같이 지낸 이야기를 전해주었다. 언니는 삼시 세끼 식사 당번을 맡고, 엄마는 설거지를 했다고 한다. 엄마는 매 끼니 큰딸이 챙겨주는 밥을 먹으며 "나 행복한 여자네~~ 아기 같네~~"라고 했단다. 어린 영숙이가 받지 못했던 사랑, 누리지 못했던 행복을 '지금, 오늘' 엄마는 채워 가고 있다. 이제는 원망보다는 행복을, 지나간 시간보다는 자신을 아기처럼 돌보는 자식들을 보며 '지금, 여기'를 충실히 살다 가시기를, 나 역시 그렇게 살다 가기를 간절히 바란다. 우리 모두 그러기를.

제주 **책방오늘에서**,
좌명희

|부록|
발달단계별 그림책 소개

● 1단계

『고함쟁이 엄마』(유타 바우어, 비룡소)

『너는 기적이야』(최숙희, 책읽는곰)

『동굴 안에 뭐야?』(김상근, 한림출판사)

『방긋 아기씨』(윤지회, 사계절)

『안아줘!』(제즈 앨버로우, 웅진주니어)

『언제까지나 너를 사랑해』(로버트 먼치 글, 안토니 루이스 그림, 북뱅크)

『엄마 껌딱지』(카롤 피브 글, 도로테 몽프레 그림, 한솔수북)

『엄마 도감』(권정민, 웅진주니어)

『엄마가 정말 좋아요』(미야니시 타츠야, 길벗어린이)

『엄마가 화났다』(최숙희, 책읽는곰)

『엄마는 집 같아요』(오로레 쁘띠, 개암나무)

『엄마의 손뽀뽀』(오드리 펜 글, 루스 하퍼·낸시 리크 그림, 스푼북)

『우리는 언제나 다시 만나』(윤여림 글, 안녕달 그림, 위즈덤하우스)

『주머니 밖으로 폴짝!』(데이비드 에즈라 스테인, 시공주니어)

● 2단계

『끝까지 제대로』(다비드 칼리 글, 안나 아파리시오 카탈라 그림, 나무말미)

『나는 소심해요』(멜로디 페로탱, 이마주)

『내가 다 열어줄게』(요시타케 신스케, 위즈덤하우스)

『내가 만든 똥』(박하잎, 아이세움)

『달님 안녕』(하야시 아키코, 한림출판사)

『달을 먹은 아기 고양이』(캐빈 행크스, 비룡소)

『똥벼락』(김회경 글, 조혜란 그림, 사계절)

『똥자루 굴러간다』(김윤정, 국민서관)

『벗지 말걸 그랬어』(요시타케 신스케, 위즈덤하우스)

『아기 오리는 어디로 갔을까요?』(낸시 태퍼리, 비룡소)

『완벽한 아이 팔아요』(미카엘 에스코피에 글, 마티외 모데 그림, 길벗스쿨)

『응가하자, 끙끙』(최민오, 보림)

● 3단계

『걱정 마, 꼬마 게야!』(크리스 호튼, 비룡소)

『그래도 엄마는 너를 사랑한단다』(이언 포크너, 베틀북)

『놀이터의 왕』(필리스 레이놀즈 네일러 글, 놀라 랭그너 멀론 그림, 보물창고)

『눈치 보지 마!』(지우시 콰렝기 글, 알렉산드로 산나 그림, 춘희네책방)

『문 밖에 사자가 있다』(윤아해 글, 조원희 그림, 뜨인돌어린이)

『시작해 봐! 너답게』(피터 H.레이놀즈, 웅진주니어)

『아빠, 나한테 물어봐』(버나드 와버 글, 이수지 그림, 비룡소)

『앨피가 일등이에요』(셜리 휴즈, 보림)

『에드와르도 세상에서 가장 못된 아이』(존 버닝햄, 비룡소)

『용감한 아이린』(윌리엄 스타이그, 비룡소)

『이슬이의 첫 심부름』(쓰쓰이 요리코 글, 하야시 아키코 그림, 한림출판사)

● 4단계

『구룬파 유치원』(니시우치 미나미 글, 호리우치 세이이치 그림, 한림출판사)

『까마귀 소년』(야시마 타로, 비룡소)

『끝까지 제대로』(다비드 칼리 글, 안나 아파리시오 카탈라 그림, 나무말미)

『나도 최고가 되고 싶어요』(앨리슨 워치 글, 패트리스 바톤 그림, 책과 콩나무)

『내 꼬리』(조수경, 한솔수북)

『내가 잘하는 건 뭘까』(구스노키 시게노리 글, 이시이 기요타카 그림, 북뱅크)

『롤라의 바다』(데레사 아로요 코르코바도, 여유당)

『마음아 살아나라』(고영완 글, 김도아 그림, 노란돼지)

『모모와 토토』(김슬기, 보림)

『싸워도 우리는 친구』(이자벨 카리에, 다림)

『오늘은 쉬는 날』(제인 고드윈 글, 안나 워커 그림, 파랑새어린이)

『웨슬리나라』(폴 플레이쉬만 글, 케빈 호크스 그림, 비룡소)

『잠깐만』(이팅 리, 교육과실천)

『점』(피터 H.레이놀즈, 문학동네)

『조금 부족해도 괜찮아』(베아트리체 알레미냐, 현북스)

『친구를 모두 잃어버리는 방법』(낸시 칼슨, 보물창고)

『틀리면 어떡해?』(김영진, 길벗어린이)

『헉! 오늘이 그날이래』(이재경, 고래뱃속)

『혼나지 않게 해 주세요』(구스노키 시게노리 글, 이시이 기요타카 그림, 베틀북)

● 5단계

『고슴도치 엑스』(노인경, 문학동네)
『난 나와 함께 갈 거야』(라켈 디아스 레게라, 썬더키즈)
『난 나의 춤을 춰』(다비드 칼리 글, 클로틸드 들라크루아 그림, 모래알)
『되고 싶은 게 많은 마니』(솔 루이스, 나무말미)
『빨강』(마이클 홀, 봄봄출판사)
『빨강이 어때서』(사토신 글, 니시무라 도시오 그림, 내인생의책)
『적당한 거리』(전소영, 달그림)
『줄리의 그림자』(크리스티앙 브뤼엘 글, 안 보즐렉 그림, 이마주)
『진짜 내 소원』(이선미, 글로연)
『치킨 마스크』(우쓰기 미호, 책읽는곰)

● 6단계

『곰이 강을 따라갔을 때』(리처드 T. 모리스 글, 르웬 팜 그림, 소원나무)
『두 사람』(이보나 흐미엘레프스카, 사계절)
『백만 번 산 고양이』(사노 요코, 비룡소)
『사랑한다는 걸 어떻게 알까요?』(린 판덴베르흐 글, 카티예 페르메이레 그림, 고래이야기)
『선아』(문인혜, 이야기꽃)
『아모스와 보리스』(윌리엄 스타이그, 비룡소)

『어느 좋은 날』(다니엘 네스켄스 글, 미렌 아시아인 로라 그림, 봄볕)

『여기보다 어딘가』(거스 고든, 그림책공작소)

『토마토 나라에 온 선인장』(김수경, 달그림)

● 7단계

『나의 친구 아그네스 할머니』(줄리 플렛, 북뱅크)

『내가 가장 듣고 싶은 말』(허은미 글, 조은영 그림, 나는별)

『누가 진짜 나일까』(다비드 칼리 글, 클라우디아 팔마루치 그림, 책빛)

『다시 만날 수 있을까요?』(미야우치 후키코 글, 이세 히데코 그림, 천개의 바람)

『다음 달에는』(전미화, 사계절)

『빈 화분』(데미, 사계절)

『아나톨의 작은 냄비』(이자벨 카리에, 씨드북)

『아모스와 보리스』(윌리엄 스타이그, 비룡소)

『어느 좋은 날』(다니엘 네스켄스 글, 미렌 아이사인 로라 그림, 봄볕)

『작은 눈덩이의 꿈』(이재경, 시공주니어)

『지하정원』(조선경, 보림)

『코끼리 아저씨와 100개의 물방울』(노인경, 문학동네)

『텅 빈 냉장고』(가에탕 도레뮈스, 한솔수북)

『한밤의 정원사』(테리 펜·에릭 펜, 북극곰)

『해 한 조각』(브러쉬씨어터 원저, 정진호 글·그림, 올리)

● 8단계

『나는 기다립니다』(다비드 칼리 글, 세르주 블로크 그림, 문학동네)

『나는 죽음이에요』(엘리자베스 헬란 라슨 글, 마린 슈나이더 그림, 마루벌)

『내가 함께 있을게』(볼프 에를브루흐, 웅진주니어)

『당신과 함께』(잔디어, 다림)

『미스 럼피우스』(바버러 쿠니, 시공주니어)

『보물』(유리 슐레비츠, 시공주니어)

『사과나무 위의 죽음』(카트린 셰러, 푸른날개)

『사랑하는 당신』(고은경 글, 이명환 그림, 곰세마리)

『여행 가는 날』(서영, 위즈덤하우스)

『오늘 상회』(한라경 글, 김유진 그림, 노란상상)

『오소리의 이별 선물』(수잔 발리, 보물창고)

『인생은 지금』(다비드 칼리 글, 세실리아 페리 그림, 오후의소묘)

『할머니 주름살이 좋아요』(시모나 치라올로, 미디어창비)

『할머니가 남긴 선물』(마거릿 와일드 글, 론 브룩스 그림, 시공주니어)

|참고문헌|

『고맙습니다』, 올리버 색스, 알마

『그림 형제 민담집』, 그림 형제, 현암사

『그림책으로 배우는 삶과 죽음』, 임경희, ㈜학교도서관저널

『그림책으로 읽는 아이들 마음』, 서천석, 창비

『그릿』, 김주환, 쌤앤파커스

『나는 품위 있게 죽고 싶다』, 윤영호, 안타레스

『내 아이를 위한 감정코칭』, 최성애·조벽·존 가트맨, 해냄

『놀이중심 반응성 상호작용 교수법』 이해 편, 김정미, 학지사

『당신과 나 사이』, 김혜남, 메이븐

『당신의 삶은 충분히 의미 있다』, 김미라, M31

『몸은 기억한다_트라우마가 남긴 흔적들』, 베셀 반 데어 콜크, 을유문화사

『발달심리학』, 곽금주, 학지사

『발달심리학』, 신명희 외, 학지사

『발달심리학』, 정옥분, 학지사

『사랑의 기술』, 에리히 프롬, 청목

『상처받은 내면아이 치유』, 존 브래드쇼, 학지사

『성격심리학』, 노안영·강영신, 학지사

『아기성장보고서』, EBS 아기성장보고서 제작팀, 예담

『아동발달』, 김경혜, 동문사

『아동상담과 치료』, 이재연·서영숙·이명조 공저, 양서원

『애착과 심리치료』, David J. Wallin, 학지사

『엄마 교과서』, 박경순, 비룡소

『엄마는 늘 여기 있을게』, 권경인, 북하우스

『유년기와 사회』, 에릭 H. 에릭슨, 연암서가

『이제는 나로 살아야 한다 : 자기실현을 위한 중년의 심리학』, 한성열, 21세기북스

『인공지능에 대체되지 않는 아이로 키우는 법』, 김지영, 피그말리온

『인생의 아홉 단계』, 에릭 에릭슨·조앤 에릭슨, 교양인

『자기와 자기실현』, 이부영, 한길사

『작고 똑똑한 심리 책』, 야나 니키틴, 마리 해네케, 웅진지식하우스

『전 생애 발달심리학』, 장휘숙, 박영사

『지금 이 순간을 살아라』, 에크하르트 톨레, 양문

『카를 융 인간의 이해』, 가와이 하야오, 바다출판사

『흔들리는 부모 힘겨운 아이』, 이임숙, 카시오페아

참고자료

- [스브스뉴스] '서방님' 이소은의 아빠는 이렇게 키웠다
  (https://www.youtube.com/watch?vhTOURvn5atU)
- 여성가족부 <부모교육 매뉴얼:https://bit.ly/2zb4kzM>
- 복지부, 2022년 자살예방백서
- 영화 <버킷 리스트: 죽기 전에 꼭 하고 싶은 것들>, 2008
- 방송 인터뷰 : tvN [유 퀴즈 온 더 블록] (2020.3.11.방송)

그림책으로 배우는 에릭슨의 전 생애 발달

초판 1쇄 발행 2023년 11월 1일
초판 3쇄 발행 2024년 11월 11일

지은이	그림책심리성장연구소
펴낸이	문채원

펴낸곳	도서출판 사우
출판	등록 2014-000017호
전화	02-2642-6420
팩스	0504-156-6085
전자우편	sawoopub@gmail.com

ISBN 979-11-87332-92-3 03180